"十二五"国家重点图书出版规划项目

河北省国民经济和社会发展"十二五"规划项目

燕赵文库

［北朝］冀州图经
［隋］郎蔚之隋州郡图经
［唐］括地志

［清］王　谟　辑／［清］邵自悦　参
［隋］郎　茂　撰／［清］王　谟　辑
［唐］李　泰　撰／［清］孙星衍　辑
崔广社　袁茁萌　编校

燕赵文库编辑出版委员会
河北大学出版社

图书在版编目（CIP）数据

冀州图经、郎蔚之隋州郡图经、括地志 / 崔广社，袁茁萌编 . — 保定 : 河北大学出版社，2017.5
（燕赵文库）
ISBN 978-7-5666-1023-2

Ⅰ . ①冀… Ⅱ . ①崔… ②袁… Ⅲ . ①历史地理 – 河北省 – 古代 Ⅳ . ① K922.2

中国版本图书馆 CIP 数据核字（2016）第 138482 号

丛 书 名　燕赵文库
丛书编者　燕赵文库编辑出版委员会
书　　名　冀州图经　郎蔚之隋州郡图经　括地志
作　　者　［清］王　谟　辑　［清］邵自悦　参
　　　　　［隋］郎　茂　撰　［清］王　谟　辑
　　　　　［唐］李　泰　撰　［清］孙星衍　辑
编　　校　崔广社　袁茁萌

责任编辑　邓一鸣
美术编辑　赵　谦
封面设计　李　欣
责任印制　靳云飞

出版发行　河北大学出版社（保定市莲池区七一东路2666号）
排　　版　保定市万方数据处理有限公司
印　　刷　河北新华第一印刷有限责任公司
开　　本　787毫米 × 1092毫米　1/16
印　　张　22.25
字　　数　338 000
版　　次　2017年5月第1版　2017年5月第1次印刷
印　　数　1-1 400
书　　号　ISBN 978-7-5666-1023-2
定　　价　110.00元

《燕赵文库》编辑出版领导小组

顾　问　赵克志

组　长　田向利　艾文礼

副组长　徐建培

成　员　王国发　杨永山　李　璞　王　凤　刘教民　张妹芝　李晓明　耿树伟　郭金平　解晓勇　杜金卿

办公室主任　李晓明（兼）

副主任　王　智　赵存进

《燕赵文库》编辑出版委员会

主　任　吕传赞

第一副主任　赵世居　龚焕文

副主任　周振国　李晓明　王　智　苑书义　李保平　张晨光

秘书长　周振国（兼）

副秘书长　李保平（兼）　王　智（兼常务）

委　员（以姓氏笔画为序）

马千海　王小梅　王长华　王宏斌　邓子平　刘金凯　刘　浏　孙宝存　孙录印　孙继民　李远杰

李剑霞　李振纲　杨久信　杨倩描　宋士青　张　平　张建军　张采鑫　张基春　陈山榜　陈　玉

陈旭霞　陈晓丽　周大明　赵存进　姜锡东　秦进才　袁学骏　耿金龙　顾玉青　栾保群　康香阁

韩立森　惠吉兴

办公室工作人员　刘　浏　盖伯真　魏　轩

方志档案卷主编　崔广社　李远杰　宋士青

出版说明

一、燕赵大地，历史悠久，人杰地灵，孕育了一批又一批名人大家。燕赵文化，源远流长，博大精深，是中华民族优秀文化的重要脉系。中共河北省委、河北省人民政府决定编纂出版《燕赵文库》大型丛书，对于保存燕赵文化元素、挖掘其当代价值、构建传承体系、推动当代经济社会发展，都具有重要的意义。

二、本着『整理、传承、研究』和『存史、资政、育人』的宗旨，《燕赵文库》选取具有较高历史价值和深远影响，在思想文化发展史上占有一定地位，并具有借鉴作用的前人著述，以及现当代学者研究河北文化的著述，分为《文献编》和《研究编》两部分。

《文献编》选收现今河北区域，或历史上属于燕赵地域，或长期客居燕赵且著述内容多反映河北文化的名人佳作。时限自古代至民国，按历史时期分为五卷，另有方志档案卷。预计收四百四十余种，四百九十余册。

《研究编》选收现当代学者研究燕赵文化各领域的著述。研究时限自古代至一九四九年，按研究的内容分为历史、人物、文物、风物、艺术、综合等六卷。预计收二百六十余种，二百一十余册。

为保存和查阅之便，两编各自按卷次编号，以罗马数字和阿拉伯数字分别标明卷次和册次。

三、《燕赵文库》除个别影印的图书外，一律采用简化字横排加新式标点的方式出版。简化字的使用，以二〇一三年六月十五日经国务院同意，由教育部、国家语言文字工作委员会组织制定并予以公布的《通用规范汉字表》为准。标点符号的使用，以二〇一一年经国务院同意，由国家语言文字工作委员会、新闻出版总署修订并重新予以公布的《标点符号用法》为准。

四、为保证数字使用的规范和统一，《燕赵文库》的《文献编》一律使用汉字数字。《研究编》中的现当代人的著述，其文字、标点、格式等均按现行出版有关规定使用和处理。

五、凡《燕赵文库》所收图书，均由校勘者、研究者撰写前言一篇。《文献编》的前言主要介绍该书作者生平、版本、内容及其学术价值等；《研究编》的前言主要介绍该书的研究视角、基本观点及在学术界的影响等。

《燕赵文库》编辑出版委员会

孙星衍（1753～1818），清江苏阳湖（今江苏常州）人。字伯渊，一字渊如，号季逑。乾隆五十二年（1787）进士，曾任山东按察使、布政使，后因病归里。初以文学著称，与洪亮吉、黄景仁、杨芳灿齐名。后专力经史文字音韵训诂之学，兼及诸子百家，工于篆隶。曾主持诂经精舍、钟山书院讲席。著有《尚书今古文注疏》《周易集解》等数十种。并辑刻《平津馆丛书》《岱南阁丛书》。藏书甚富，河北早期志书《括地志》为其藏书之一。

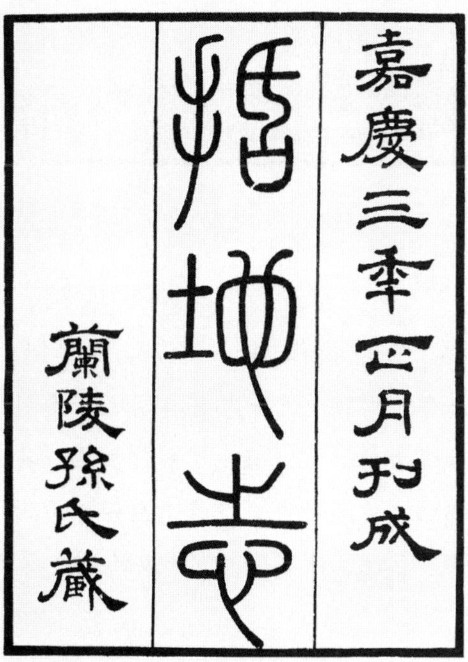

嘉慶三季正月刊成

括地志

蘭陵孫氏藏

《括地志》为孙星衍辑录，共八卷。最早刊本为清嘉庆三年（1798）《岱南阁丛书》。此本面世较早，搜集内容最多，校刊也精细。《括地志》五百五十卷，修于唐代，原书已佚失。该志是一部全国地理总志，内容完备，具有很高的史料及学术价值。

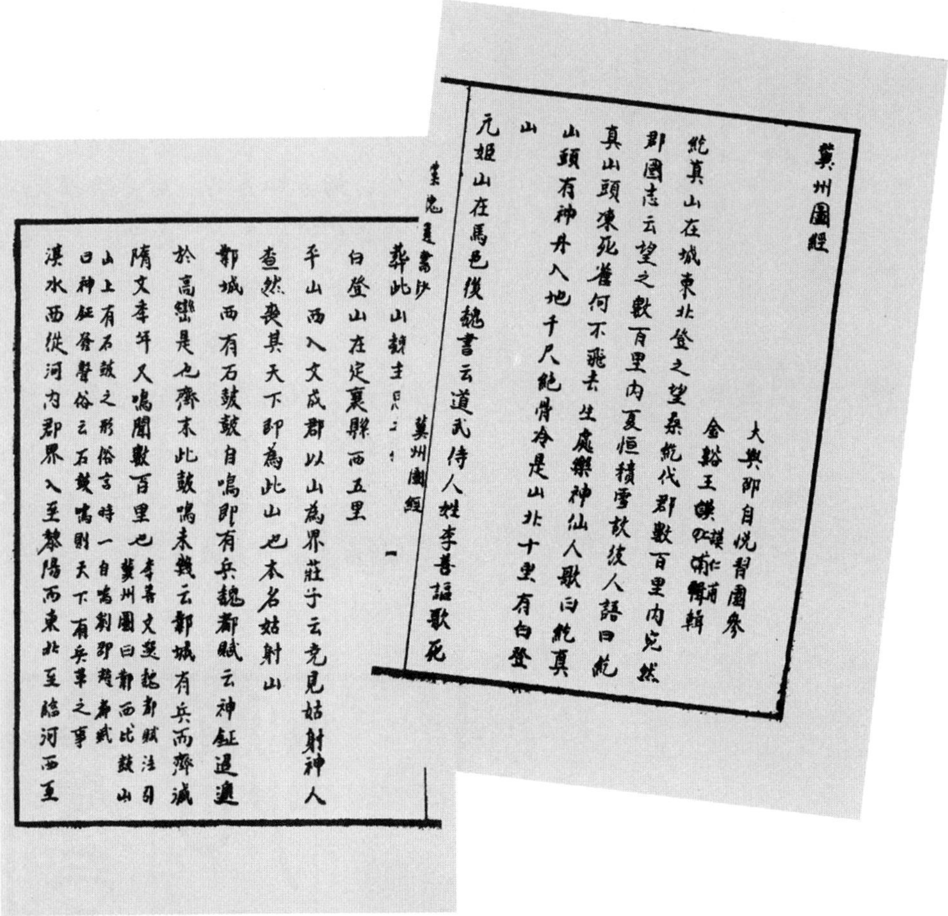
冀州圖經
大興邵自悅習園參
金谿王謨汝上仁圃輯
乾真山在城東北登之望桑乾代郡數百里內宛然
郡國志云望之數百里內夏恒積雪故彼人語曰乾
真山頭凍死雀何不飛去生處樂神仙人歌曰乾真
山頭有神井入地千尺絕骨冷是山北十里有白登
山
元姬山在馬邑後魏書云道武侍人姓李善謳歌死
葬此山
漢魏遺書鈔　冀州圖經　一

白登山在定襄縣西五里
平山西入文成郡以山為界莊子云堯見姑射神人
杳然喪其天下即為此山也本名姑射山
鄴城西有石鼓鼓自鳴即有兵魏都賦云神鉦迢遰
於高巒是也齊末此鼓鳴未幾云鄴城有兵而齊滅
隋文帝年又鳴聞數百里也　李善文選魏都賦注引冀州圖曰鄴西北鼓山
山上有石鼓之形俗言時一自鳴劉邵趙都賦
曰神鉦發聲俗云石鼓鳴則天下有兵革之事
漢水西從河內郡界入至黎陽而東北至臨河西至

王谟（约 1731～1817），字仁圃，一字汝上。清代文献学家。乾隆四十三年（1778）进士。有志撰述，集纂辑刻《汉魏丛书》《汉魏遗书钞》《江西考古录》《汉唐地理书钞》等。其《冀州图经》辑本，可谓古方志之玉片锦鳞，弥足珍贵。《冀州图经》所辑录城邑、山川、河流、风土、人物、神话、往迹、故事等，有重要的历史意义和参考价值，成为后来方志必载内容。

总目

［北朝］冀州图经

［清］王谟 辑　［清］邵自悦 参

前言

《冀州图经》一书，从清代王谟辑《汉唐地理书钞》（中华书局，一九六一年九月出版）中抽出影印出版，是为抽印本。

《冀州图经》一卷，北朝人撰，已亡佚。《隋书·经籍志》载『《冀州图经》一卷』，未著撰者。《旧唐书·经籍志》《新唐书·艺文志》均不载，故有清代王谟辑《冀州图经》之事。

王谟（约一七三二至一八一七），字仁甫，一字汝上，又作汝麋，晚称汝上老人，清代文献学家。乾隆四十三年（一七七八）进士，授知县。辑刻《汉魏丛书》《汉魏遗书钞》，编著《江西考古录》《豫章十代文献略》等。一生辑佚文献颇丰，功绩显著。他的《冀州图经》辑本，可谓辑佚古方志的玉片锦鳞，弥足珍贵。据《汉唐地理书钞》说，他原想辑佚一部如同黄奭的《汉学堂丛书》、马国翰的《玉函山房辑佚书》一样巨大的《汉魏遗书钞》，且分为经翼、别史、子余、载籍四类，但他又认识到地理书的重要性，于是刻完《经翼》就结束了《汉魏遗书钞》的辑刻，旋而转到地理书的辑佚工作。可惜此时他已八十多岁，在年老体弱、贫病交加的情况下，没有把所辑录的地理书全部刻出。张国淦在所编著的《中国古方志考》（中华书局，一九六二年八月出版）叙例中说：『王谟《汉唐地理书钞》，通行本有目无书者，十居八九。昔年曾见一足本，本编所据者即此，惜当时未记其来源卷目，今已无从补录。』今编者阅览《汉唐地理书钞》，睹其总目及重订本目录，均列有《卢植冀州风土记》《卢毓冀州论》《燕记》《赵记》《上谷记》《幽都记》等书名，却不见辑本内容，委实遗憾。见载《冀州图经》辑本，如获至宝，甚是高兴。

图经之名，昉于后汉，至唐宋遂为地方志之通称。见于文献记载最早的图经，当是东汉的《巴郡图经》。现存最早的实物图经，是敦煌发现的唐代的《沙州图经》和《西州图经》散卷。《冀州图经》原作于北朝，晚于后汉卢植的《冀州风土记》。冀州，黄帝以前，无可稽考。唐虞以降，帝王之旧地，圣贤之渊薮。清代学者姚振宗在《隋书·经籍志〉考证》中说：『冀州、齐州、幽州，隋以前皆属北朝，以上四书（《冀州图经》《齐州图经》《齐州记》《幽州图经》）大抵皆北朝人作。《寰宇记》数引旧图经，似即此类。』章宗源《〈隋书·经籍志〉考证》引《太平御览·地部》：『《冀州图经》曰：「纥真山，在城东北，登之望桑乾代郡，数百里内宛然。」《寰宇记》多引「冀州图」，省「经」字。』张国淦《中国古方志考》说：『北朝冀州，清冀州直隶州。据此古冀州地区，包括河北省及山西。』以下择录王谟辑《冀州图经》十数条，可窥见其一斑。

纥真山，在城东北，登之望桑乾代郡，数百里内宛然。《郡国志》云：望之数百里内，夏恒积雪，故彼人语曰：『纥真山头冻死雀，何不飞去生处乐？』神仙人歌曰：『纥真山头有神丹，入地千尺绝骨冷。』是山北十里，有白登山。

白登山，在定襄县西五里。

平山，西入文成郡，以山为界。庄子云，尧见姑射神人，杳然丧其天下，即为此山也，本名姑射山。

雀鼠谷，在孝义县南二十里，长一百一十里，南至临汾郡霍邑县界，汾水出于谷内，南流入河。即《周书》调鉴谷。

姑射山，西邑文成郡，以山为界。庄子藐姑射之山。有神人居焉，肌肤若冰雪，绰约若处子，不食五谷，吸风饮露，乘云气，御飞龙，而游乎四海之外。尧见之，窅然丧其天下，即此地也。

荀城，在县西一十五里，即重耳所居之所。

云中，周围十六里，北去阴山八十里，南去通漠长城百里，即白道川也。南北远处三百里，近处百里，东西五百里。至良沃沙土而黑，省功多获，每至七月乃熟。白道川，当原阳镇北，欲至山上，当路有千余步。地土白而石灰色，遥去百里即见之，即是阴山路也。从此以西及紫河以东，当阴山北者，惟此道通方轨，自外道皆小而失次者多。

青坡道，自平城东南四十里，西北出至纥真山，东北斜向平城西门山，东出经白登山南脚一百步，仍东回二十里出渴钵口，更行六十里至阳门口。其道始达魏圣武田于山泽，神女从天降，圣武与之交后，期一岁复会，生一男，即神元，留之上升而去。神元即魏始祖也。

入塞三道，自周秦汉魏以来，前后出师北伐，唯有三道。其中道正北发太原，经雁门、马邑、云中，出五原塞，直向龙城，即匈奴单于十月大会祭天之所也。一道东北发，向中山，经北平、渔阳，向白檀、辽西，历平冈，出卢龙塞，直向匈奴左地，即左贤王所理之处。一道西北发，自陇西、武威、张掖、酒泉、敦煌，历伊吾塞，匈奴右地，即右贤王所理之处。自晋阳以北，地势渐寒，平城、马邑凌源二丈，云中、五原积水四五十尺，唾出口成冰，牛冻角折而畜牧滋繁。

武周山，在郡西北，东西数百里，南北五十里，山之南面千仞壁立。

太平城，城上埤垣，却敌在内。郭城东西南北各十里，内有统万所送大釜二口，在内各受二百石。

梁郡城，在鄯阳北二十里，即余朱荣所居。

后魏太和中，文明皇太后来幸，钓得鲤鱼一双，皆长三尺，以黄金为锁穿腮，放于池内。后皆长五尺，其一浮天，为五色虹而去；一在池。至孝昌元年六月，行台元渊北伐顿此，决池取鱼，鳞甲非常，元渊忍而杀之，得金二斤八两。元渊来年为葛荣所杀。

枋头城，在卫县南，去河八里，对酸枣、棘津是也，即汉建安中，曹公于淇水口下大枋木以成堰，遏淇水东入白沟以通漕运，故时人号其处为枋头。晋太和四年，大将军桓温北伐慕容暐，时亢旱，水道不通，乃凿钜野三百余里，以通舟运。自清水入河，暐将慕容垂率众八万来拒，温大破之，遂至枋头。会军粮竭尽，焚舟退步，垂以八千骑追之，温战败于襄邑，亦谓此也。后苻氏克邺。枋头为永昌县。

以上《冀州图经》所辑录城邑、山川、河流、风土、人物、神话、往迹、故事等是后来方志的必载内容。其历史意义可谓深远。

末了还要用王谟的话作为前言结语：『《隋志》有《冀州图经》一卷，《唐志》不载其书，已亡，无可叙录，今仅从《御览》钞出八条，「侯甲水」以下《寰宇记》俱引作《冀州图》，今并钞出四十六条。』

崔广社

二〇一四年八月于河北大学紫园

冀州圖經

大興邵自悅習園參
金谿王謨汝上甫輯
謨仁甫

紇真山在城東北登之望桑乾代郡數百里內宛然郡國志云望之數百里內夏恒積雪故彼人語曰紇真山頭凍死雀何不飛去生處樂神仙人歌曰紇真山頭有神升入地千尺絕骨冷是山北十里有白登山

元姬山在馬邑後魏書云道武侍人姓李善謳歌死

葬此山魏主思之樂府為之典其典存焉

白登山在定襄縣西五里

平山西入文成郡以山為界莊子云堯見姑射神人

杳然喪其天下即為此山也本名姑射山

鄴城西有石鼓鼓自鳴即有兵魏都賦云神鉦迢遞

於高巒是也齊末此鼓鳴未幾云鄴城有兵而齊滅

隋文帝年又鳴聞數百里也李善文選魏都賦注引冀州圖曰鄴西北鼓山

山上有石鼓之形俗言時一自鳴劉邵趙都賦

曰神鉦發聲俗云石鼓鳴則天下有兵革之事

漢水西從河內郡界入至黎陽而東北至臨河西至

王莽河出焉又東經澶淵東入武陽河南即東郡界是

河陽在河内郡南六十里有宫有闕

趙武靈王胡服而征遂有獫狁之地漢高帝以韓王信壯武乃以太原郡爲韓國徙信以備胡信以晉陽去塞遠請理馬邑上乃許之後匈奴圍信信數求救上賜書責信信懼以馬邑降胡並御覽

雀鼠谷在孝義縣南二十里長一百一十里南至臨汾郡霍邑縣界分水出於谷内南流入河即周書謂

鑿谷

侯甲水出手逸北流入太原界

中都縣城東北五里春秋昭公二年晉侯執齊無宇於中都是此

綿上田徵廟甚靈鳥鵲不棲其林猛獸常守其庭

樓煩城在縣東北七十里史記云樓煩白奴園趙武靈王有塩官是也

湫水河北有樓煩郡南入龍泉郡經呂梁尸子云呂梁未闢河出孟門為二呂梁在離石北以東可三十

餘里

姑射山西邑文城郡以山爲界莊子藐姑射之山有神人居焉肌膚若冰雪綽約若處子不食五穀吸風飲露乘雲氣御飛龍而遊乎四海之外堯見之窅然喪其天下即此地也

汾水東北從西河界入歷郡西南入絳郡

沁水東北從上黨至郡東南入長平界

長平關在縣北五十里

都向二城在今縣西三十五里秦據西城趙守東城

秦坑趙卒在此

析城棲陵川縣

濁漳出長子西南流入涉縣界與清漳合又東入魏

郡

鹿谷山有大道入壺口東出遼襄關西登奚斯巨嶺

以達河東徑阻千里

羽黃山在縣西六十里亦名登高山漳水出焉壺關

三老上書明戾太子冤者死於此而冢存

潞縣西三十里黄阜山有城亦名黄沙嶺劉聰將綦

毋劇敗晉將崔恕於黃阜斬之

屯留縣有鹿瀆山即絳水源所出

松門嶺在襄垣縣北一百三十里道通太原驛路

涑水東從絳郡界入至長陽城南為陂

荀城在縣西一十五里即重耳所居之所

清原城在縣西二、十里晉文公蒐於此作三軍以禦狄

蒲水從北龍泉郡入日斤川注於河

廣武縣在句注陘南口之南二十里

滹沱之水經繁畤故城西三里與五泉合又西南入樓煩郡秀容界又還入崞縣又入秀容界東北入五臺南入恒山界

古平城在白登臺南三里有水焉城東西八里南北九里

雲中郡南有君子津即大河之津

河水西從榆林郡界入至州西南入馬邑郡界

大同以西紫河以東橫亙而東至碣石綿亙千里

雲中周圍十六里北去陰山八十里南去通漢長城

百里即白道川也南北遠處三百里近處百里東西
五百里至良沃沙土而黑省功多穫每至七月刀熟
白道川當原陽鎮北欲至山上當路有千餘步地土
白而石灰色遥去百里即見之即是陰山路也佛此
以西及紫河以東當陰山北者惟此道通方軌自外
道皆小而失次者多
青坡道自平城東南四十里西北出至紇真山東北
幷向平城西門山東出經白登山南脚一百步仍東
迴二十里出渴鉢口更行六十里至陽門口其道始

達魏聖武因於山澤神女從天降聖武與之交從期
一歲後會生一男即神元留之上昇而去神元即魏
始祖也
入塞三道自周秦漢魏以來前後出師北伐唯有三
道其中道正北發太原經雁門馬邑雲中出五原塞
直向龍城即匈奴單于十月大會祭天之所也一道
東北發向中山經北平漁陽向白檀遼西歷平剛出
盧龍塞直向匈奴左地即左賢王所理之處一道西
北發自隴西武威張掖酒泉燉煌歷伊吾塞匈奴右

地即古賢王所理之處自晉陽以北地勢漸寒平城馬邑凌源二丈雲中五原積水四五十尺唾出口成冰牛凍角折而畜牧滋繁

烏蘓城在縣西北二十里有銅鞮冰是也

湟城在縣西六十里後魏初於此立豐州北齊改曰戎州後周廢

萬根谷即向突城道亦羊腸道也

武周山在郡西北東西數百里南北五十里山之南面千仞壁立

太平城城上埤垣却敵在内郭城東西南北各十里内有統萬所送大釜二口在内各受二百石

梁郡城在鄴陽北二十里即尒朱榮所居

後魏太和中文明皇太后來幸鉤得鯉魚一雙皆長三尺以黄金爲鎖穿腮放於池内後皆長五尺其一浮天爲五色虹而去一在池至孝昌元年六月行臺元淵北伐頓此決池取魚鱗甲非常元淵忍而殺之得金二斤八兩元淵來年爲葛榮所殺

陵土城在河陽縣東七里洛陽西北四十二里左傳

盟於踐土是也

野王城即今懷州理也史記云衛元君爲秦所奪自濮陽徙此

南斗城在今武德縣北三十里北斗城在縣北五十一里

清水出共城西北界白鹿山東南流入汲郡

武帝元鼎六年上幸汲郡新中鄉至此聞得呂嘉首因以獲嘉名縣即此處在縣西南十里古城存高齊天保七年移獲嘉於今共城西此城遂廢

白溝起衛在縣南出大河北入魏郡

枋頭城在衛縣南去河八里對酸棗棘津是也即漢建安中曹公於淇水口下大枋木以成堰遏淇水東入白溝以通漕運故時人號其處爲枋頭晉太和四年大將軍桓溫北伐慕容暐時亢旱水道不通乃鑿鉅野三百餘里以通舟運自清水入河暐將慕容垂率衆八萬來拒溫大破之遂至枋頭會軍糧竭盡焚舟退步走以八千騎追之溫戰敗於襄邑亦謂此也後苻氏克鄴　枋頭爲永昌縣

糟邱酒池去朝歌南一里　人依約識之

倉城在黎陽縣西南隅袁紹聚糧之所

按隋志有冀州圖經一卷唐志不載其書已亡無可叙録今僅從御覽鈔出八條餘甲水以下寰宇記俱引作冀州圖今並鈔出四十六條

〔隋〕郎蔚之隋州郡图经

〔隋〕郎茂 撰 〔清〕王谟 辑

前言

《郎蔚之隋州郡图经》一书，从清代王谟辑《汉唐地理书钞》（中华书局，一九六一年九月出版）中抽出影印出版，是为抽印本。

《郎蔚之隋州郡图经》一百卷，原书已亡佚，今存清人王谟辑本。作者郎茂（五四一至六一五），字蔚之，恒山新市（今河北新乐）人。北朝学者，官北齐、北周、隋三朝，隋炀帝时，官至尚书左丞，撰《州郡图经》。《郎蔚之隋州郡图经》，一作《隋诸州图经集》。《隋书·经籍志》载：『《隋诸州图经集》一百卷，郎蔚之撰。』《通志·艺文略》四：『《隋诸州图经集》一百卷，郎蔚之撰。』清姚振宗《隋书·经籍志〉考证》二十一：『《隋诸州图经集》一百卷，郎蔚之撰。』清章宗源《隋书·经籍志〉考证》六：『《隋诸州图经集》一百卷，郎蔚之撰。又作《隋图经集记》。』《旧唐书·经籍志》《新唐书·艺文志》均著录『《隋图经集记》一百卷，郎蔚之撰』。《太平御览·州郡部》记有：『《隋图经集记》曰：「义川，盖春秋时白翟也，其俗语云丹州白窒，即白翟，语讹耳。」』其地部、居处部多引《隋图经》（省『集记』二字）。《太平寰宇记》亦引甚多。又作《州郡图经》。《隋书·列传》载，郎茂撰『《州郡图经》一百卷奏之，赐帛三百段，以书付秘府』。以上三种书名，实指一书。王谟在辑本《郎蔚之隋州郡图经·叙录》中已阐明采用该书书名的原因。他说：『《隋志》，蔚之撰《诸州图经集》，本传云撰《州郡图经》，《唐志》又作《图经集记》，实只一书，要当以《州郡图经》称名为正。盖自隋炀帝受周禅，至开元三年，罢天下郡，其县乃隶州而已。九年平陈以后，四海一家。大业三年，罢州为郡。四年大博，凡郡国一百八十三，而图经于是乎作，故得兼举州郡为名。凡举郡必先举州，如言洪州豫章郡、江州寻阳郡类是也。』编者认为，正史是正统的纪传体史书，王谟以正史本传所记为书正名，不无道理。故辑本沿用《郎蔚之隋州郡图经》一名。

图经，是方志发展到隋唐时期的主要表现形式。它经历了漫长而复杂的演变过程，如受到《禹贡》《周官》《山海经》《汉书·地理志》等全国性总志的影响，又历从地记到图经的重要历史发展阶段，西汉以后，地记著作出现。魏晋以后，地记著作明显增多，内容丰富多彩，有的记风土，有的传风俗，有的重点志地理物产，有的志人物史传。图经之作，始于东汉，但汉、隋之间，地记还是地方志书的流传形式。大规模图经的编纂，始于隋炀帝大业年间。隋炀帝普诏天下诸郡，条其风俗、物产、地图上交尚书台。《隋诸州郡图经》就是这一时期的产物。图经由图和经两部分构成。图主要是指地图及地物图像，经是对地图及图像的注。作为早期的地方志书，图经以图为主，文字为辅。经过漫长的岁月，人们逐渐认识到，图经这种载体形式，既有描绘图像的直观感受功能，又有文字说明的理性记忆特征，于是地记便退居且演变到了图经，而这种图经的形式和内容更加完备了。从王谟辑本看，可知原本《隋州郡图经》涵盖地理、物产、商旅、民俗、旧事、古迹、神话等内容。其分门别类，一图一说。叙山川，卷首有山水图；叙郡国，卷首有郭邑图；叙城隍，卷首有馆图。不能全部容纳纸卷的说明文字，另有《隋诸郡物产土俗记》一百五十一卷。例如《郎蔚之隋州郡图经》中的：『蓟县笄头山有温泉，可治百病。』『昌平县有芹城。』『卢龙县卑耳溪，齐桓公北征孤竹，未至卑耳之溪，见一人，长尺，而人物具焉，冠左祛衣，走马疾前。管仲曰：「登山之神有俞儿，霸王之君兴，则登山之神见焉，走马前导也，祛衣示前有水也，左祛衣示从右方涉也。」至卑耳之溪，有赞水者，曰：「从左方涉，其深及冠；右方涉，其深至膝。」已涉，桓公拜曰：「仲父之圣至此。」』『新乐县黄山有细要白石，可为器物，土人工之。』『高邑县房子城出白土，细滑膏润，「可以涂饰，兼用濯锦」，可致鲜洁，一名赤石冈。』『大茂山，恒山之异名也。山南俗谓之太白山。』『钜鹿县，唐开元六年于此置巨鹿县，属赵州，遥取汉钜鹿县以为名也。』『清河县末柸城，即十六国时六卷之弟末柸，自据辽西与石勒相持，因筑此城，号曰「末柸城」。』『西门豹祠在邺县东南七里，北临太平渠。』『荡阴县有防城，纣囚文王于羑里，筑此城以防之，因曰防城。』『涿州涿郡，古涿鹿之地。舜十二州为幽州地。《禹贡》为冀州之域。春秋战国为燕国之涿邑。汉高帝置涿郡。』『蓟州渔阳郡，《禹贡》冀州之域，春秋及战国时属燕，秦时于此置渔阳郡，二汉因之。』等等，风俗、物产、地记都有体现。

值得一提的是王谟另辑有《隋区宇图志》一书。《隋区宇图志》均以各州郡图经和地记编纂而成，且同在大业初年面世。《隋区宇图志》，隋虞茂等纂。是书已亡佚，有王谟辑本。虞茂（？至六一八），原名虞世基，字茂世，会稽余姚人，隋炀帝时任内史侍郎。其名与字犯唐讳，故唐张彦远《历代名画记》称：『《区宇图》一百二十八卷，每卷有图，虞茂氏撰。』《旧唐书·经籍志》《新唐书·艺文志》均沿用旧题，节去『世』字。《隋区宇图志》是我国文献见载的第一部官修全国性图志。据清章宗源《〈隋书·经籍志〉考证》，是书从大业五年（六〇九）的二百五十卷本，到最后成书的一千二百卷本，前后数次重修。张国淦《中国古方志考》说：『此《区宇图志》，据《崔廓传》，崔赜等撰二百五十卷，隋《大业拾遗》作五百余卷，虞世基更修，《崔廓传》云为六百卷，《大业拾遗》新成八百卷，重修成一千二百卷。《隋志》一百二十九卷，当是其中之一部残剩之本。此书流传不广，唐宋时人称引者少，其一百二十卷，每卷有图，唐时尚存，张彦远尚及见之也。』甚是珍贵。王谟辑本《隋区宇图志·叙录》说：『按此《图志》与《图经》俱作于隋炀帝大业初，此书在当时尤见贵重，必颁布中外，以广流传，而唐宋时人书绝少称引，故仅钞出《御览》三条，《寰宇记》三条。（按：实为两条）』所谓《图志》《图经》，即《隋区宇图志》和《隋州郡图经》。为永志王谟之苦心，特全录《隋区宇图志》辑本如下。

石井岗山有井，光武营中所凿，傍有聚荆棘生，皆蟠萦如人手结，云是光武系马处。

石勒时天旱，沙门佛图澄于此岗，掘得一死龙，长尺余，渍之以水良久，乃苏。寻祭之，龙腾空而上天，雨即降，因名『龙冈』。

周太祖讳黑，因改黑山为青山也。并《御览》。

武城县，夏禹七代孙芸，《路史》国名。《纪》引作『芒』。按《史记·夏本纪·夏禹传》七世至帝芒，当从《路史》作『芒』。封公子武于此建国。后汉光武帝封济南安王德为武成侯，前秦苻坚封长子为清河王，移居武成，即此城也。

龙岗县有白鸡城，板筑之。所望其上，有白鸡，捕则无所见，因以为名，今俗说白圭城也。并《寰宇记》。

《郎蔚之隋州郡图经》不是全国性总志，也不是一州一郡之通志，而是各州、郡志之合集，所以才有『经集』『经集记』之说。王谟辑本亦即『合集』之辑本。编者无意因《燕赵文库》之名而加以取舍，按原书辑《御览》一百二十条、《寰宇记》一百二十八条、《广记》九条、《事文类聚》一条』一并收入。

崔广社

二〇一四年八月于河北大学紫园

郎蔚之隋州郡圖經

羅田黎世庠湛溪參
金谿王　謨仁甫輯

浚儀有高陽故城顓頊高陽氏佐少昊有功封於此城又有信陵亭在城內卽魏國公子無忌勝築之地

犨在洛水之間犨固也言四面有山可以犨固也

梁王有修竹園園中竹木天下之選集諸方遊士各爲賦故館有鄒枚之號又有鳧鷺池周迴四里亦梁王所鑿又有清泠池有釣臺故謂之清泠臺

春秋時爲沈蔡二國之地後爲楚魏二國之境秦兼
天下以其地爲三川潁爲汝南郡

東阿春秋時齊之阿地也

少昊之代爽鳩氏虞夏則有季萴湯　逄公伯陵殷
末有蒲姑皆爲諸侯國於此地周成王時蒲姑與四
國作亂成王滅之以封太公

長山縣本漢於陵縣也隋改焉以界內長白山爲名

孟州河陽郡禹貢冀豫二州之境則武王伐紂會孟
津是也周爲畿內蘇忿生之邑後爲晉邑

安陽紂都也在淇洹二水之間本殷墟所謂北冢是
也

邯鄲單盡也邯山名謂邯山之盡所也

安喜縣即古奴盧縣也有黑水故池深而不流俗謂
黑山水流爲盧不流爲奴

陘邑縣本七國時中山國之苦陘縣也

北平縣本秦曲逆縣之地屬中山國

清苑縣本漢樂鄉縣也

武清縣本漢之雍奴縣也

涿州涿郡古涿鹿之地舜十二州爲幽州地禹貢爲
冀州之域春秋戰國爲燕國之涿邑漢高帝置涿郡

薊州魚陽郡禹貢冀州之域春秋及戰國時屬燕秦
地於此置魚陽郡二漢因之

漁陽縣本漢無終子國也有無終山城

渤海濱滄州之地屬趙分居多

清河縣秦爲歷縣漢爲信城縣

晉穆侯遷都於絳曾孫孝侯改絳爲翼翼爲晉之舊
都後獻公復爲絳絳在今曲沃故城二里有絳邑故

城是故絳在翼城東南有故翼城是也

聞喜縣有董澤左傳曰董澤之蒲可勝既乎

後周建德七年於襄垣縣立潞州以其浸汾潞爲名

遼州樂平郡禹貢冀州之域春秋時其地屬晉戰國屬韓後屬趙秦漢爲上黨郡貞觀中避諱改爲儀州後又爲箕州復爲遼州

隰州大寧郡夏殷已前其地與箕沁同在周爲晉之北鄙

周宣政二年破陳將吳明徹遷其人於隰州江左之

人崇禮好學習俗皆化因謂之塞北江南
晉安郡禹貢梁州之域秦之蜀郡漢屬廣漢郡之梓
潼縣
漢州德陽縣土地同益州秦屬蜀郡漢屬廣漢郡後
漢因之兼置益州領郡十一
翼州臨翼郡秦之土地與益州同漢屬蜀郡本漢之
蠶陵也
唐顯慶三年割當州三十里左封縣界內有悉唐川
因名為唐州

靜州靜川郡土地與唐當州同唐永徽四年置靜州
與唐縣以隷夷落
拓州蓬山郡土地與當州同唐顯慶三年置州取其
拓封疆爲郡之名
恭化郡北接上蕃土地與當州同唐顯慶中置恭州
取恭慕王化爲名
武德中荷羌首領以地内附國於羌故城維州以領
之
奉州云山郡本蠻夷之地南接上蕃爲夷之塞武德

中羌夷内附立奉州取其順王命爲名
黎州洪源郡漢爲沉黎郡宋齊以來並爲沉黎郡後
州破羌夷立黎州
郡有甘松嶺因以爲名郡
監利縣漢容縣乾溪章華臺在焉
合州巴川郡秦漢屬巴郡宋置東宕渠郡西魏置合
州
閬州閬中郡禹貢梁州之域春秋爲巴國之地秦漢
爲巴郡

梁州漢中郡春秋至戰國楚地秦漢爲漢中郡

西魏改爲通州以其居四達之路故以爲名

界内有零溪水郎以爲名隋開皇十八年改零陽爲

慈利縣

菊潭以界内菊潭水以名縣

穀城縣有鄼城漢志曰即蕭何所封也

江陽郡本漢江都縣也以在江之北故曰江陽

寶應縣本安宜縣即漢之平安縣地屬廣陵郡

桐城春秋時桐國也亦漢從陽縣

定城縣春秋黄子國也

昇州古揚州之地也春秋時爲吳地戰國時越滅吳爲越地後楚滅越其地又屬楚初置金陵邑秦併天下改金陵爲秣陵屬鄣郡漢元封二年改鄣郡爲丹陽郡

金陵有古冶城本吳鑄冶之地也

南陵縣有赭圻屯在縣西北

池州池陽郡禹貢揚州之域春秋及秦漢爲鄣郡之地吳爲石城縣隋爲秋浦縣唐武德中置池州

其地因山爲壘緣江爲境爾雅曰邱絕高曰京因謂
之京口
丹陽本漢曲阿縣也
唐垂拱四年立金山縣後改名金壇取邑界句曲之
山金壇之陵以爲號
昔有讖述其地云無錫寧天下平有錫兵天下爭故
以名之
華亭縣本嘉興縣地天寶十年置因華亭谷爲名
隋置睦州取俗阜人和內外輯睦爲義

以山川蘊物瑰奇故名饒
唐上元元年正月江淮轉運使元載以此邑川原蔓遠關防襟帶宜置州治可賜名信州以信美所稱爲郡之名
隋平陳改廬陵郡置吉州以吉陽山爲郡名
贑縣章貢二水雙流置縣合爲贑水其間置邑因以名縣
晉尚書睦邁梁尚書郎江淹皆爲吳興令按淹自序云吳興地在東南嶠外閩越之舊境是也

梁永聖二年封蕭基爲長樂侯於此

鄮縣有甬東及句章故城

縉雲郡古縉雲之墟也秦爲會稽郡地漢初爲東甌地後以爲回浦縣光武更名章安晉分爲永嘉郡

麗水縣有惡道惡道有哭星灘謝靈運與弟書曰聞惡道溪中九十九里有五十五灘

永嘉縣漢治縣之地後漢改爲章安縣

茶陵縣者所謂陵谷生茶茗者也

昔舜封象有庳國即其地

臣附歷代恃險不分隋大業七年始招慰置綏陽縣

屬明陽郡唐武德四年置夷州

邕州人俗憸啇流薄內險外蠢椎髻跣足以尚鷄卜

卵卜

嚴州門有長河水深八十丈從牂牁流下

筓頭山在涇陽西禹貢涇水所出

大伾山按書云至于大伾又名青檀山今名黎陽東

山

柱人山谷名山陽三山或云紂殺比干於此山因得

名古凡伯國之地也

失山去萬谷根山二十里頭上有石墟魏大武避暑之所羊腸坂在焉

嬰山爲并州之主

牢山在太原縣東北

西河謁泉山一名隱泉山有石室子夏退居之所史記正義引隋圖集記云此爲子夏石室退老西河居此有卜商神祠今見在

河東郡三山卽舜所耕歷山也禹貢所謂壺口雷首至于大岳壺口山在慈州大岳在晉州雷首在河東

界此山有九名謂歷山首山薄山襄山甘棗山渠猪
山獨頭山陑山等之名又湯伐桀升自陑之所
稷山在絳郡后稷播百穀於此山亦左氏傳謂晉侯
治兵於稷以畧狄土是此也
霍山在洪銅縣東北霍水出焉
平山在平陽一名壺口山尚書謂壺口治梁及岐即
此地也今名姑射山在縣西平水出其下
鼻山今名抱犢山四面危絕山頂有二泉後魏葛榮
亂百姓抱犢上山因以名之也

房山嶺上有王母祠甚靈俗號爲王母山

韓信山圓峻呼爲韓信臺又呼爲上門口西入井陘即大原路是也北又有韓信城信破趙駐軍於此處焉

湯山後側巖有石室一戶無塵穢俗號曰聖人室下經銅烏廟有碑題云漳河神壇是也

雷公山耆老傳曰魏時黑山羣盜張燕等不立君長直以名號爲稱多髯者謂之鬚公大聲者謂之雷公時雷公賊保此山因以爲名

皷山亦名塗山

隆慮山一名林慮盇隋縣西二十里山有三峯南第一峯名仙人樓高五十丈下有黃花谷北巖出瀑布水注咸池黃花谷西北有洞穴去地斗餘仅下有小山孤竦謂之玉女巖高九百丈其山北一峯名舉峯其地有偏橋郎抱犢山也南接大行北連恒岳

鮮卑山在柳城縣東南

鳴鷄山在懷戎縣東北本名磨笄山昔趙襄子殺代王其夫人曰代以亡矣吾將何歸遂磨笄於山而自

殺代人憐之爲立祠因以名其山爲磨笄山每夜有
野鷄羣鳴於祠屋上故亦謂鳴鷄山
飛龍山又名封龍山
無終山一名步陰山又名翁同山
燕山在易縣東南七十里巖側有石鼓去地百餘丈
望之若數百石因左右梁貫之鼓東南有石人援之
狀同擊勢云燕山石鼓鳴則兵
龍山在易縣西南三十里有龍山石上往往有仙人
及龍跡西巒谷有一地大如車輪春則風出東夏出

南秋出西冬出北有沙門法猛以夏日入其東穴見石堂石人欲窮諸穴便有一人厲聲云法師有滯三穴皆如東者不宜仍來見穢猛仍意不息不覺忽在穴外也（西鬱谷有一地寰宇記引作四麓各有一洞有滯二字引作其餘）

孔山有孔表裏通徹故名耳

歷陵縣西十里有石子崗實仙也而高大有冢如硯子世謂之硯子冢是趙簡子冢也石虎令人發之初得炭深一丈得連木木厚高八尺次得流泉水水色青冷非常以牛皮爲囊作絞車以汲之一月而水無

極乃止築城繞之氣樓闕

清淇西自魏郡朝歌縣界分爲二派一在郡東一在郡西俱南流入河按酈元注水經云淇水南與清水合而入白溝石會宿胥皆瀆之名淇又一名王莽河王莽時所穿也

黄花水出隆慮縣西北崖上高十七里去地七里縣水東南注壑巖下狀若雞翅俗謂之雞翅蓋天台赤城之流也至谷潛入地下十里復出名曰柳水者是黄花水重源發也其谷號爲黄花谷內有仙母冢谷

西有洞穴謂之聖人窟

洹水出隆慮縣西北俗謂安陽河即聲伯夢涉之所

源出林慮山東平地

滹沱在深澤縣界光武爲赤眉所追至滹沱河欲渡

導吏還乃言水深無船左右懼上使王霸視之霸恐

驚衆乃言氷堅可渡比至河水亦合以布囊沙水上

乃渡未畢數騎氷解今名其處爲危渡口是也魏收

曰清寧河此水恒有蛟入五月恒暴變爲人於岸上

與人並行至懸岸處推人與之俱下

澤發水今俗亦名妒女泉大如車輪水色青碧百姓
祀之婦人不得艷衣新粧臨之必興雨雹故云妒女
即介子推妹也
漢水逕琵琶谷至滄浪洲洲即漁父掉歌處庾仲雍
記云謂之千齡洲
大陸大鹿大河即一澤而異名也
并州其氣勇抗誠信韓趙魏謂之三晉剽悍盜賊常
爲他郡劇
義州益春秋時白翟也其俗語云丹州白窟即白翟

語訛耳

大業十六年自江都還洛陽勑於汾州北臨汾水起汾陽宮即管涔山汾河源所出之處當盛暑之時臨河盥漱即涼風凜然如八九月其地多雨經夏罕有晴日一日之中倏忽而雨倏忽而晴晴雨未曾經日雖高嶺千仞嶺上居人掘地深二三尺即得清泉用之

常山縣中山城西北隅有一大井俗名趙母井昔云醇酎千日即是此井所醞後以石蓋之人不敢開刺

史博陵王濟欲開之卽有雲霧隱蔽懼不敢開

史記謂梁孝王築東苑方三百里是曰兎園

司竹園在盩厔縣東十二里穆天子西征至元池乃植竹卽此是也並御覽

琵琶溝在開封縣南形似琵琶故名

牛頭城在扶樂縣西二十里淮陽郡圖

五梁溝在縣西南十里從西華縣界消水出東流入谷故老傳云此溝有五渡橋因名焉

公路臺東有袁術廟

棗邱在商水縣東北三十里其原邱塘多生棗棘因以名焉

灌溉城在商水縣東北二十里鄧艾所築也

叢臺在商水縣北二十五里楚王遊觀弋釣地或稅駕於此往往有嘉禾叢生因以爲名（陳州舊圖）

光武臺在南頓縣北四十里漢光武十九年幸南頓因置此臺兼立廟

閭倉城在扶溝縣西南五十里

蔡堤西自汴州杞縣入至宋州城東分爲三道中蔡

堤比蓼堤是也

下邳縣劉綱祠前有鬼樹高十丈

涓涓水在湖陸城東西南注泗或云吳王夫差伐齊

掘溝商魯之間也

齊桓公冢在齊城南二十里鼎足山上因山爲墳東

有女水或云齊桓公女冢在其上東北流至安平城

伏流十五里然後更流注北陽水也

膠水出瑯琊五登山水色如膠北流三百里入海

朐山在縣南二里秦始皇東巡至朐山界

庫碣川在宜川縣西北川南是漢川北是胡胡漢之人於川内共結香火故擇香火爲庫碣因此爲名

安靜縣本漢城居河外三里乃舊薄骨律鎮倉城也後魏立安靜鎮徙關東流人以充屯田隋立爲縣

晉澤在縣西南六里

平晉縣風伯雨師二祠晉劉琨所立

治嶺上有泉名曰一升泉旱無增減

壽陽縣故大陵城即趙武靈王遊大陵夢處女鼓琴而歌處

鷙嶺嶺多鷙故名在壽陽西三十里

靜樂縣長城因古跡修築起合河縣北四十里東經

幽州延袤千里

蔚汾水與黃河合故曰合河在縣城下

困閼城在平城縣南十五里趙簡子至此病篤遂築

此城

上黨南陽古以爲縣實郡也秦并天下置郡以此爲

上黨郡楚漢之際魏豹盡有其地豹滅入漢分爲河

東太原上黨三郡高后封惠帝子武爲壺關侯即其

地也

永樂郎山漢武戾太子以巫蠱事出奔其子遁於此山因名郎山君祠下有郎山君之次子觸岸將軍廟

昆吾亭在安邑縣西南十里爲夏方伯助桀拒湯湯師先伐昆吾然後伐桀以乙卯日與桀同誅

桐鄉故城在聞喜縣西南八里俗以此城爲伊尹放太甲於桐宮之所

雁門邑地井泉鹹苦民皆遠汲魏牽招爲郡鑿原爲渠注水城內迄今民賴其益

雁門縣有棗戶城初築此城以地多棗樹爲名土人云此棗多喻北京

乙速孤代郡之淩名也源出馬邑郡南

童子谷在交城縣東六十三里齊天保七年有童子數人牧放見山上巨石遂發心見佛像高一百一十尺

磨笄山趙襄子登之以觀代國一號看山

天門山今謂之百家巖在修武縣西北三十七里有劉伶醒酒臺孫登長嘯臺阮氏竹林嵇康淬劍池並

在寺之左右
博固城或謂之布鼓城石勒時築在大河之西
聊城縣有郭城即亡國郭氏之墟
曹洪宅南有景穆寺西有石寶橋
西河卜子夏田子方段干木所遊之處以趙魏多儒
學齊魯及鄒皆謂此爲西河非龍門之西河也
黄衣水經野馬岡東南流注萬安渠入鸕鷀波
西門豹祠在鄴縣東南七里北臨太平渠
蕩陰縣有防城紂囚文王於羑里築此城以防之因

曰防城

林慮縣王津有王母廟每春三月桃花盛發龍冠於

廟宇

滏口山出磁石本草云磁石鐵之雌

臨水縣九侯城郎司馬彪注云鄴西有九侯城畫鬼

侯國九一作鬼

東魏二城在滏陽縣東郎武成西北大岡高齊天保

末誅諸元子孫欲平元氏之陵壓殺數十人遂止

岐安冢在魏陵東三里安死後鬼每語其子逸云吾

冢近武帝陵見攻伐逸等即以碑碣勒石謝乃止
晉惠帝敗於蕩陰之歲烏桓鮮卑掠鄴城婦女悉沉
於洛水即此河也
趙武靈王登靈山因以石鑿人馬之形其下有井以
石覆之俗呼爲靈井
今趙氏數百家每有祭祀設别位以祭公孫杵臼程
嬰二氏歷代相傳號曰祀客
臨洛紫山春夏有紫氣蓊鬱山下有石石上葛蒲一
十九節巖間有紫石英

葛孼故城俗呼葛鴉城趙武靈王夫人所築一名夫人城

清河縣末柸城即十六國時六眷之弟末柸自據遼西與石勒相持因築此城號曰末柸城

鉅鹿縣唐開元六年於此置鉅鹿縣屬趙州遥取漢鉅鹿縣以爲名也隋圖經集記

高邑縣房子城出白土細滑膏潤可以塗飾兼用濯錦可致鮮潔一名赤石岡

贊皇縣孔子嶺有石室寬博其下有石相拒狀若楹

桯時人謂之三梁九桯之宝室內石人象類執卷故
號孔子巖
槐水出贊皇山一名渡水亦曰濟水去縣南十里此
自别是一濟卽詩云出宿于泲非四瀆也
大陸縣有堯臺高與縣城等今置樓其上世謂堯禪
舜處
大茂山恒山之異名也山南俗謂之太白山
真定縣飛彭城黃岸水經其內
鹿泉縣有大翮山昔有二書生得道化為二鶴沖天

隳二湖於此山故得名

行唐縣滋水經其境又鹿水東入謂之本刀溝經石

曈山

九門縣有抱犢山在新市城西通藺相如故宅故屈而避之

中山城在廣昌縣東北三十一里中山故城是也至景帝改爲中山國後漢因之魏晉不改後燕慕容垂都之仍置尹焉

中山有趙惠文王陵穆中山懷王陵簡王哀王順王

夷王等陵也

唐河即滱河符秦建元元年高岸崩頽若城角下有

大積木交横如梁柱莫知所來

北平縣本秦曲逆縣地屬中山國漢高祖北征還至

此大會酒酣嘆曰吾周行天下多矣唯見此與洛陽

因封陳平於此

新樂縣黄山有細耍白石可爲器物土人工之

觀津東南三里青冢高三十餘丈周廻千步漢文帝

竇后父少翁遭秦之亂隱身漁釣墜淵而死景帝即

位太后遣使者於壍所起大墳號曰竇氏青山在觀津城南

南宮屬信都國光武自薊南馳至南宮界遇大風雨引車入道旁客舍馮異抱薪鄧禹燃火對竈燎衣而去卽此地

棗强縣城北一古臺傳爲太公賣漿臺

白馬故溝魏白馬王彪鑿武强淵邑人過有一蛇疑其靈持而養之名曰擔生長而吞噬人里中患之遂捕繫獄擔生負而奔邑因淪爲湖縣長及吏咸爲魚

矣今縣治東北半里許落水淵水又東南結爲湖又
謂之郎君淵者宿又言縣淪之處其子東奔又陷於
此故淵有郎之自
河間東武垣城即武帝元封元年巡狩至此望氣者
言有異女使訪之得趙氏女兩手拳上自披之即舒
因築此城以爲禁衛今縣西南樓上有夫人神即鉤
弋遺像也
後漢光祿大夫劉儵與竇武謀誅宦官爲曹節等所
害三女營葬於此故曰三女陵

歎起冢濶百餘步長六七里深數丈云晉永嘉四年十月晝昏十日方解冢忽然具成左右方一里牛咸疲汗車皆有土而無轍

王尊冢原在武垣縣城東北隅爲東郡太守卒其柩一夜自歸今猶祀之呼爲東郡阿翁歸

文安狐貍淀俗謂之擷鯉淀非君子淀君子淀在博野外

漢武帝時趙夔爲文安縣令好神仙值文安大旱乃自焚身土人感慕因立祠焉

後魏孝昌三年葛榮畧取其地對東光築城以據之
爲西光城隋圖經集記
薊縣笄頭山有溫泉可治百病
于延水經馬城高柳俗謂爲河頭又東經大寗郡北
注雁門水
雁門水出雁門山又北入陽門水
神泉水世謂之比連水東北流注陽門水一名託台
水
㶟水卽桑乾河也至馬陘山爲落馬洪出山謂之淸

泉河俗謂之曰千水非也至雍奴入笥溝俗謂之合口

防水在良鄉縣界有石穴東北洞開春秋有白魚珍美非常味東經羊頭阜俗謂之爲羊頭溪

七度水在昌平縣界接虎眼泉諺曰高梁無上源清泉無下尾蓋以高梁微涓淺薄裁足津通憑藉涓流方成川甽清泉至潞所在支分更爲微津散漫難尋故也

昌平縣有芹城

漁陽有北平故城即漢將軍李廣爲郡守出獵遇草中石謂是伏虎引弓射之沒鏃即此處

盧龍縣卑耳溪齊桓公北征孤竹未至卑耳之溪見一人長尺而人物具焉冠左袪衣走馬疾前管仲曰登山之神有俞兒霸王之君興則登山之神見焉走馬前導也袪衣示前有水也左袪衣示從右方涉也至卑耳之溪有贊水者曰從左方涉其深及冠右方涉其深及膝已涉桓公拜曰仲父之聖至此

孤竹城漢靈帝遼西太守廉翔夢人謂已曰予孤竹

君之子伯夷之弟遼海漂吾棺槨聞吾君仁善願見藏覆明日視之見浮棺於水上乃改葬焉吏人嗤笑者皆無疾而死今改葬所現存祠在山下極嚴

開皇初徙元州於漁陽今漁陽郡是也

仁壽三年分九隴[redacted]孝水三縣爲濛州元武綿竹金水飛鸞四縣爲凱州陽安平泉二縣及資州資陽爲簡州煬帝大業二年並廢省來屬益州

平羌化山在夾江縣西十里天下二十四化此其一也道士常正一得道此山丹竈履跡猶存

百丈縣有一穴口方圓一百尺深百丈即漢王陽為益州刺史行部至此興嘆因之棄官

氐陌山在晉城縣西三十五里晉太康中關下離亂武都氐人流移入蜀耕耘鑿墾此山成陌因名氐陌山

飛泉山在仁壽縣東二里舊名東嶰隋仁壽元年獠反百姓城於山嶺避難遂有飛泉湧出獠平泉涸因呼為飛泉山

曆甘山在仁壽縣東二十里昔有十二玉女於此山

汲鹹泉煎鹽以玉女美麗其鹽味甘爲名今竈跡猶存

昔楚威王見此有王氣因埋金以鎮之故曰金陵秦并天下望氣者言江東有天子氣鑿地脈斷連岡因改金陵爲秣陵屬丹陽郡

盧龍山在上元縣西北二十里晉元帝初渡江此盡爲虜寇所有以其山連石頭開鑿爲固故以盧龍爲名

句容縣經巖山上有龍坑即湖神也本名赤山丹陽

之義出於此

吳興故鄣縣東三十里有梅溪山山根直豎一石可高百丈至青而圓四面斗絶仰之於雲外無登陟之理其[illegible]復有盤石正圓如車蓋常轉如磨聲若風雨土人號爲磨石石磨轉駛則年豐遲則歲歉候之無失

燈壇山在臨海縣西六十里高一千二百丈有壇每陰雨有火望之如燃

餘干山兩峯曲轉相向狀如羊角舊名羊角山

德興縣洪崖山故老相傳昔有洪崖先生居此山山之陽有洪崖寺山中有洪崖壇每旱祈雨於此

落星山在廬山東周迴一百五十步高丈許昔有星落水化爲石當彭蠡灣中俗呼落星灣

德化縣有甘泉山昔山嶺有船柁沿流而下土人異之亦名爲柁下溪桓伊爲江州刺史嘗遣左右賫粮尋山之奥至一處見大湖湖側有敗船

宮亭廟在江州南彭蠡湖側周武王十五年置能分風擘流上下皆得舉帆

湏井漢高帝六年潁陰侯所開年深堙塞孫權經此自標井地命使鑿之正得此井有石函其銘曰漢高祖六年潁陰侯開又云不滿三百年當爲應運者所開權見而悦以爲巳瑞江有風浪此井輙自漂動土人呼爲湏井

壺頭山在崇陽山東北五十里漢伏波將軍征五溪軍次下雋頓壺頭之灘時逢暑熱將士多死援遇病遂穿崖岸爲室没於此岸之室猶在因爲立祠

黔中是武陵郡酉陽地

江都縣蜀岡今禪智寺即隋之故宮岡有茶園其茶甘香味如蒙嶺

江都縣輿浦往來恒有淤濁及乎一朝清澈後漢太守徐邈表以爲瑞

張公城漢末張嬰所築後因號張公城在江都縣西四十里

斗米逕水在含山縣西南八十里歷陽豪李子建當隋末從杜伏威守城伏威分兵戍柵口欲開路運粮以救軍食子建請於東關下開溝通黄路波入歷湖

率都下人各齎米一斗就工米盡逕成饋運無缺故謂之斗米逕

山陽縣南二十里有茶陂

合肥縣金牛山昔有金牛從此山出奔入江中故其處有渚猶謂金牛渚

壽春縣歡樂井本名義井三伏之日炎暑赫曦男女往來氣息短急望見義井則喜而行未至而憂既至而樂故號歡樂井

六安縣置縣處則古之六縣也

南陽縣有丁城宋元嘉中掠得武陽人萬戶遂於新城築丁城一名新城

南陽縣清水經獨山史定伯碑云瓜里津卽清水上三梁謂之瓜里

南陽有漢征南軍司張澹冢有碑刻其背文曰白椒之棺易朽之裳銅鐵不入凡器不藏嗟爾後人幸勿我傷至宋元嘉中有盜開其冢獲金銀器甚多垂簾皆金釘飾之

武當縣石階山一名華岳地肺一名肺山

南陽武當門有社柏樹大四十圍梁蕭欣爲守伐之言有大蛇從樹腹中墜下粗數圍長三丈羣蛇數十隨之入南山聲如風雨未伐樹會見夢於欣不之信後欣果死於治所

佷子山臨漢水山邊鑿石作六字皆方一尺四字猶可識云元田中邱兩字不可識下有佷子冢爲水所壞今成小洲亦爲佷子葬父之所

豐利丹水出丹漁夏至前十日夜伺之浮水有赤光上照如火以網取之割其血以塗足可出行水上

竹山縣郭帶堵水水出漢江舟船往來商賈所湊

岩州禹貢梁州之域後爲岩昌羌所據周天和元年改爲蕃置爲岩州隋爲岩昌郡（隋圖經集記）

羅洲在海口廻環三百里在陽江縣西海中有魚形似鹿每五月五日夜悉登岸化爲鹿小於山鹿此山內乃百姓魚鹽之地也（並寰宇記）

渝州仙池在州西南江津縣界岷江南岸其池周迴二里水深八尺流入岷江古老傳者有仙人姓然名獨角以其頭有角故表其名自揚州來居此池邊起

樓聚香草置樓下獨角忽登樓命僕夫燒其樓獨角飛空而去因名仙池見有石岩一所向岷江而見在

渝州城灘在州西南三十里江津縣東北沿流入十里岷江水中波浪沸騰乍停作發多覆舟之患古老傳昔有仙居和來爲巴州刺史過此灘舟翻溺水而死和女與兒圖行女有兩兒方稚齒乃分金珠作二錦囊纓致兒頸然後乘船至父沒處叫聲投水凡六日與兒夢云二十一日與父俱出兒令人守之至期果然俱浮江水而出今碑在城灘側並渝州圖經

陵州鹽井後漢仙者沛國張道陵之所開鑿周迴四丈深四十尺置竈煮鹽一分入官二分入百姓家因利所以聚人因人所以成邑萬歲通天二年右補闕郭文簡奏賣水一日一夜得四十五萬貫百姓貪其利人用失業井上又有玉女廟按寰宇記引此云張道陵指陵上開鹽井因此陵上有井名陵井今井上有玉女廟甚靈古老傳云此十二玉女嘗與張道陵指地開井遂奉以爲神又俗稱井底有靈不得以火投及穢污會有汲水誤以火墜即吼沸湧烟氣衝上濺泥漂石甚爲可畏或云泉脈通東海時有

敗船木浮出 陵州圖經

歙州石鼓山有石如鼓形又有石人石驢俗傳石鼓鳴則驢鳴人哭而縣官不利後鑿破其鼓遂不復鳴 歙州圖經

古層冢在武陵縣北一十五里二百步周迴五十步高三丈亡其姓名古老相傳云昔有開者見銅人數十枚張目祖餞聞冢中擊鼓大叫竟不敢進後看冢土還合如故 朗州圖經

黎州聖鍾山古老傳此山有鍾聞其聲而形不見南

詔犯境鍾則預鳴唐天寶泰和咸通乾符之載舉鑾來冠皆有徵也昔有名僧講大業經論亦鍾震焉乾寧中刺史張惠安請問僧京師右街淨衆寺惠維講妙花蓮花經一遍此鍾頻鳴如人扣擊知向所傳者不謬矣

黎州漢源縣有旌節花去地二三尺行行皆如旌節並黎州圖經

黎州通望縣有銷樟院在縣西一百步內有天王堂前古栢樹下有大池池南有娑羅綿樹三四人連手

合抱方亟先生花而後生葉其花盛夏方開謝時不背而墮宛轉至地其花藥有綿謂之娑羅棉善政鬱茂亂時枯凋古老相傳云是肉齒和尚住持之靈跡也縣界有和尚山和尚廟皆肉齒也黎州通望縣圖經

漢朱遵仕郡功曹公孫述僭號遵擁郡人不服述攻之乃以兵拒述埋車絆馬而戰死光武追贈輔將軍吳漢表爲置祠一曰遵失首退至此地絆馬訖以手摸頭始知失首於是土人感而義之乃爲置祠號爲健兒廟後改勇士祠新津縣圖經○上並太平廣記

高辛時蜀有蠶女不知姓氏父為人所掠惟所乘馬在女念父不食其母因誓於衆曰有得父還者以此女嫁之馬聞其言驚躍振迅絕其拘絆而去數日父乃乘馬而歸自此馬嘶鳴不肯飲母以誓衆之言告父父曰誓於人不誓於馬安有人而偶非類乎能脫我於難功亦大矣所誓之言不可行也馬跑父怒欲殺之馬愈跑父射殺之曝其皮於庭皮蹶然而起卷女飛去旬日皮復棲於桑上女化為蠶食桑葉以絲成繭以衣被於人間一日蠶女乘雲駕此馬侍衛數

十人謂父母曰太上以我身心不忘義授以九宮仙嬪矣無復憶念也今冢在什邡綿竹德陽三縣界每歲祈蠶者四方雲集蜀之風俗宮觀諸化塑女像披馬皮謂之馬頭娘以祈蠶焉蜀郡圖經　事文類聚

[唐]

括地志

[唐]李泰 撰

[清]孙星衍 辑

前言

《括地志》五百五十卷，序略五卷，原书已佚。该书在历代古籍中多有著录和征引。所载名称不一，有《魏王泰坤元录》《唐括地志坤元录》《贞观地记》《贞观地志》《魏王地记》《括地象》等多种。从性质上说，它是唐代的一部全国地理总志。因成书早，内容完备，具有很高的史料及学术价值。

《括地志》的编撰由魏王李泰（六一八至六五二）主持，实际的参与者为时任著作郎萧德言、秘书郎顾胤、记室参军蒋亚卿等多人。可谓亲王主修，名臣执笔，『卫尉供帐，光禄给食』，历时四年（自贞观十二年至十六年）始成。泰，字惠褒，唐太宗四子，先后被封为宜都王、卫王、越王、魏王、顺阳王和濮王。史载泰于贞观十年（六三六）徙封魏，遥领相州都督，此时太子有疾，泰谋求夺嫡，事败被囚，徙均州郧乡（今湖北十堰）。《括地志》编撰大致在其为魏王期间，故为《魏王泰坤元录》《魏王地记》之书名，清人王谟辑本也名为《魏王泰括地志》。

这部书的体例，分道计州，以全国区划十道，三百五十八州（内含四十一个都督府），一千五百五十一县为主线，博采经传地志，旁求故事旧闻，详细地记述了政区建置沿革，以及各地山川、物产、古迹、风俗、人物和掌故等。其体例赅备，内容翔实，且早为唐代地志书之佼佼者。此书受到太宗下诏褒奖：『博采方志，得于旧闻，旁求故老，考于传信，内殚九服，外极八荒，简而能固，博而能要，度越前载，垂之不朽。』（《资治通鉴》）唐宋以来，重要著作广为征引，如《史记正义》《通典》《初学记》《太平御览》《太平寰宇记》等，尤其是唐代张守节作

《史记正义》，独用其疏正古之地名。孙星衍在《〈括地志〉序》中也称赞说：『称述经传、山川、城冢，皆本古说，载六朝时地理书甚多，以此长于《元和郡县图志》而在其先。』读者在今存辑本中可以看到，该书的确保留了大量珍贵的六朝资料。

孙星衍辑本八卷，见于其《岱南阁丛书》和李翰章的《正觉楼丛刻》；王谟辑本二卷，见于《汉魏遗书钞》和《汉唐地理书钞》；黄奭辑本一卷，见于其《汉学堂丛书》；王仁俊辑本一卷，见于其《玉函山房辑佚书补编》；陈其荣补遗一卷，见于《槐庐丛书初编》；曹元忠辑本一卷，见于其《南菁札记》。以上六种，以孙星衍本最优。孙星衍（一七五三至一八一八），字伯渊，一字渊如，号季述，别署芳茂山人、微隐，阳湖（今江苏常州）人。乾隆五十二年（一七八七）进士，授翰林编修，官至山东按察使、布政使。孙氏为清代著名文献学家，一生著述颇丰。孙氏辑《括地志》八卷，最早刊于清嘉庆三年（一七九八）《岱南阁丛书》。孙氏这个本子面世较早，搜集内容最多，校刊也精审。所以我们此次编辑《燕赵文库》，将其从《岱南阁丛书》中抽出影印。编者思虑内容价值，不再区分古之燕地、赵地另作辑录，而将全书一并收入。特于此说明。

另，王谟的辑本和研究也颇具价值。王谟认为，《括地志》的编撰，有着一个特定的历史背景，即争夺太子之计策。不妨在此录入一段王谟辑本《魏王泰括地志》叙录，以供读者评说。

按新、旧《唐书》，魏王泰为唐太宗第四子。其撰次此书，盖以为倾储夺嫡之计，而卒以获罪，兹不具录。唯是此书当日虽诏藏秘阁，必已宣布中外，流传宜广。乃以予所考，唐人修书，唯张守节《史记正义》，于本纪、八书、世家、列传中郡邑、山川、古迹悉引《括地志》为注外，则徐坚《初学记》州郡总载纲领，亦采《括地志》为说。乃至宋修《太平御览》，引书一千六百九十件，独无一语及《括地志》，故未开列卷首书目。若以为其书已亡，则乐史《寰宇记》亦并时所修，何以屡见称引，是此书在当时存亡尚未可知，即不能如李吉甫《元和郡县志》有足本，然较之贾耽《郡国县记》，梁载言《十道志》，所可摭拾犹多，今故只从《史记正义》钞出八百□十□条，盖以《寰宇记》十五条，又《坤元录》十条，而冠以《初学记》一段为之纲领，余悉据本书前后厘为二卷。（《汉唐地理书钞》，中华书局一九六一年九月出版）

崔广社

二〇一四年夏于河北大学紫园

岱南閣叢書

嘉慶三年正月刊成

括地志

蘭陵孫氏藏

括地志序

唐濮王泰之王魏時以司馬蘇勖勸著書奏撰括地志五百五十篇序畧五卷著作郎蕭德言祕書郎顧允記室參軍蔣亞卿功曹參軍謝偃共相撰次歷四年成其書稱述經傳山川城冢皆本古說載六朝時地里書甚多以此長於元和郡縣圖志而在其先隋唐志載輿地志永初山川記諸書目凡數十種今惟水經注存大氐亡於宋南渡時括地志亦竟散佚其殘文時時見於傳記所引張守節作史記正義不能博考書傳獨恃此疏證古地名通典太平御覽太平寰宇記亦引之或稱爲坤元錄路史注引有括地象按其文亦即此書羅苹僅從他書抄撮故譌志爲象字玉海所引多於史記正義者其時据史記注善本王應麟亦不見本書也序畧起魏武時置郡惟見初學記蓋其

下卷餘書未見引据按泰等以四年成此書當極精博今循繹各條其考証經史不能斷制若舜耕歷山在濮州而兼引蒲州首陽嬀州懷戎及越州餘姚之山大邳在城皋而誤指衛州黎陽東山大別在安豐而疑荆州章山爲與經史符會湯冢在薄城伊尹在楚邱而又以爲俱在洛州偃師就其所存之說可以覘蕭德言諸人之學識無過人者然以周文王武王墓爲在萬年而以咸陽之陵爲秦惠文王悼武王又知俗名周武王陵之非是及載洛水一名漆沮水非古所渡漆沮以岷山在岷州積山石在河州昆侖山在肅州之屬俱非塞外之山皆足鍼砭流俗傳譌古迹與近世讀地里者好以新異說更古經傳之惑又惜不獲其全書矣此本旣輯取傳注但依序畧所載諸州編次爲八卷非原書卷第之舊自子在關中畢撫部幕府時搜訂成

帙存書簏中比年監司曾宋攝按察於齊又以史記足注本屬楊甥文學元錫重加補綴適刋元和郡縣圖志成遂以此書相輔行世前後纂修閱七年猶有疏漏俟來者續成之時嘉慶二年太歲丁巳斗昏建未之月觀察領河隄使者孫星衍撰於曹單河防工次

括地志目錄

卷八

建州

師州

黎州

外蕃

括地志卷第一　　岱南閣叢書

賜進士及第分巡山東兖沂曹濟兼管驛傳水利黃河兵備道孫星衍輯

序畧 初學記州郡部

魏武輔正吳蜀三方鼎跱疆埸不定漢建安中置郡十二新興樂平西平新平略陽陰平帶方譙郡樂陵章武南陽襄陵是也又省上郡朔方五原雲中定襄漁陽廬江等七郡文帝受禪又置七郡朝歌陽平弋陽魏興新城義陽安豐是也明帝置六郡平公孫度得遼西遼西遼東帶方元菟樂浪又置上庸一郡少帝又置平陽一郡并得漢舊郡國五十四平蜀得二十郡劉備初置郡九巴東巴西梓潼江陽文山漢嘉朱提雲南涪陵并得漢舊巴郡廣漢犍為牂柯越巂益州漢中永昌南安武都是也晉太康平吳之後天下一統平吳得州四交廣荆揚也郡四十三孫權置臨賀武昌朱崖新安廬陵五郡孫亮又置臨川臨海衡陽湘東四郡孫休置天門建平建安合浦四郡孫皓置始安始興邵陵安成新昌武平九德吳興東陽桂林滎陽等十一郡因立宜陽一郡並漢十八郡合四十三郡凡州十六太康地記曰司冀兖豫荆揚徐青幽并雍涼梁益交廣是也晉自蕩陰敗後羌羯交侵至乎

劉曜陷洛陽於是司冀雍涼青并兗豫幽平秦營十二州並淪没矣後魏孝文帝都洛陽開拓土宇明帝熙平元年凡州四十六鎮十二郡國二百八十九矣天平年凡州六十八至武定年凡州一百一十一郡五百一十九周明帝受魏禪至大象二年凡州二百一十一隋文帝受周禪至開皇三年罷天下郡其縣但隸州而已九年平陳已後四海一家大業三年罷州為郡四年大簿凡郡國一百八十三唐貞觀十三年大簿凡州府三百五十八

雍 華 同 宜 岐 隴 豳 涇

寧

鄜州都督府 劉昫唐書地理志云貞觀二年置都督府六年又改為大都督九年復為都督府不著所督州

坊缺 延

原疑四州字都督府劉昫唐書地理志云貞觀五年置都督府管原慶會銀亭達要等七州十年省亭達要三州唯省四州案此銀屬夏州屬勝

靈州都督府劉昫唐書地理志云貞觀十三年廢廻環二州靈州都督入靈埴二州案所督丹州史不著

丹

夏疑脫州字都督府劉昫唐書地理志云貞觀二年討平梁師都改朔方郡為夏州都督府領夏銀綏三州案此有鹽州

銀　鹽劉昫唐書地理志云貞觀元年廢鹽州二年平梁師都復於舊城置鹽州隸夏州都督府其年改為靈州都督府與此十三年尚屬夏州者不同

勝州都督府劉昫唐書地理志云武德中平梁師都置勝州不著所督

綏　慶　宜　蒲　虞　汾　絳　泰

晉　隰　慈　呂　石

潞州都督府劉昫唐書地理志云武德二年置總管府管潞澤沁韓蓋五州貞觀元年廢都督府八年置大都督

府十年又改爲都督府又云
貞觀元年廢蓋州與此同

沁 韓 澤

代州都督府 劉昫唐書地理志云武德元年置代州總管管代忻蔚三州五年廢總管六年又置管代蔚忻四州貞觀四年又督靈州當爲雲州六年又督順州十二年省順州與此合

忻 朔 蔚 雲

并州都督府 劉昫唐書地理志云貞觀八年督汾箕嵐四州案此汾屬勝或在八年後

箕 嵐 懷

相州都督府 劉昫唐書地理志云貞觀十年復置都督府管相衛黎魏洺邢貝七州餘州不云督案元和郡縣志云礠州隋大業二年廢以縣屬相州

魏 黎 魏 洺 邢 霸疑作貝 博 冀

德 觀 深 瀛 滄 定 恒 并

幽 劉昫唐書地理志云幽州武德九年督幽易景瀛東鹽滄蒲蠡北義燕營遼平檀元北燕等十七州貞觀元年廢五

州又廢北義州八年都督幽易燕北燕平檀六州不二後廢都督案此無燕州又不云幽州都督竟屬北州皆與史異

易　嬀　檀　平　明

營州都督府劉昫唐書地理志云武德七年改總管為都督府管營遼二州貞觀二年又督昌州三年又督師崇二州六年又督順州十年又督慎州餘州不云督

遼　師　昌　崇　慎　威劉昫唐書地理志云貞觀元年隸幽州大都督又云後改隸案此屬營州與史異　號　陝　穀　唐　兗

陳　潁

徐州都督府劉昫唐書地理志云貞觀八年管徐泗譙三州餘州不云督

滑　泗　譙　豫　亳　密　青　濟

濮　萊

齊州都督府劉昫唐書地理志云貞觀七年又置管齊青淄萊密五州不云餘州與此州不同

淄　宋　鄆　許劉昫唐書地理志云貞觀十三年改置都督府管許唐陳潁四州十

六年罷案此十三年簿當有戴　曹　海　沂

洛州都督府劉昫唐書地理志云武德四年置領洛懷鄭汝等四州與此不同

鄭　汴劉昫唐書地理志云武德四年置總管管汴洧杞陳四州七年改爲都督府不云後廢汝

襄

夔州都督府劉昫唐書地理志云武德二年置總管府管夔硤施業浦洛渝谷南智務黔克思巫平十九州貞觀十四年爲都督府案此則十三年已爲都督府矣

萬　開　隨　硤　蓬　鳳　忠　渠

通　集　興　利　溫　復　合　鄀

歸

荆州都督府劉昫唐書地理志云貞觀十年都督硤澧朗岳四州案此不著

梁州都督府劉昫唐書地理志云貞觀八年置都督梁洋集壁四州不云餘州

均　静　金　巴　商　洋　渝　房

壁閬始梓資嘉陵果

遂州都督府劉昫唐書地理志云貞觀十年置督遂果普合四州寮此合屬蜀果屬梁普屬益

益州都督府劉昫唐書地理志云武德九年罷督益綿簡嘉陵眉雋邛十州并督巂南會寧都督府貞觀六年罷南南寧都督吏置戎州都督益州八年移領南益州都督十年又督益綿簡嘉陵雅眉邛八州茂巂二都督

綿大榮眉雅普翼

茂州都督府劉昫唐書地理志云武德七年督南會翼向淮州窮炎徹十州貞觀八年改爲茂州與此不同

簡向塗

戎疑脫州字都督府劉昫唐書地理志云貞觀六年以開邊屬南通州六州置都督府督戎郎昆曲協黎盤曾鉤髳尹匡袁宋靡姚徵十七州

瀘州都督府

巂州都督府

冉管維徽穹郎協曲

褒 靡 微 姚 髳 州未詳 匡 宗

尹 會州未詳 槃 鈞 昆 陽 光 靳

申 壽 昌 豪 廬 沔 荆

揚州都督府劉昫唐書地理志云貞觀十年督揚滁常潤和宣歙七州案此有楚州史缺載

滁 楚 和

安州都督府劉昫唐書地理志云武德二年立總管府管秦渭岷洮疊文武成康蘭宕扶等十三州貞觀十四年督秦成渭武四州案此十三年簿已如此

黃

秦州都督府

成 武 渭

蘭州都督府劉昫唐書地理志云武德八年置督蘭河鄯廓四州貞觀六年又督西鹽州十二年又督涼州今督蘭鄯儒涼六州與此不同

河　鄯劉昫唐書地理志云貞觀中置都督府此不云　廓　儒　岷

洮　宕　臺　橋

涼州都督府劉昫唐書地理志云同此

肅　甘　瓜劉昫唐書地理志云貞觀中復爲都督府此不云　沙　伊

芳　文

松州都督府劉昫唐書地理志云貞觀二年置督嶲懿嵯闊麟雅叢可遠奉嚴諾蛾彰軌蓋直肆位玉璋祐臺橋序二十五羈縻等州與此不同

扶　岷　巖　泰　雅　叢　遠　其

生　諾　直　都　闊　出　嵯　懿

可　湊　般　鐘　匐　厥　器當爲蓋調

流　邏　卒　序　淳

軌州都督府劉昫唐書地理志云貞觀二年與州松州同置

漳 津 立 玉 彭 祏 蛾

疊州都督府劉昫唐書地理志云武德十三年置督督疊岷洮宕津序壹祐嶂王盞立橋等州永徽元年罷案唐祏或作祐岵或作嶂立或作位字不同

龍 會

潭州都督府劉昫唐書地理志云武德四年置總管府管潭衡永郴連南梁南雲南桊八州七年改為邵州南營為道州督潭郴連永邵道等七州

費 江 涪 鄂 郢 潤 施 郎

岳

黔州都督府劉昫唐書地理志云武德四年置督務施業辰智牂充應莊等州其年置費州夷州今督思辰施牢費夷巫應播充莊牂琰池矩十五州其年罷都督府置莊州都督

駐 括 常 撫 郴 合 饒 虔

衡 永 邵 連 婺 道 吉

越州都督府劉昫唐書地理志云武德五年管洪饒撫吉吉虔南平六州貞觀二年改洪饒撫吉虔袁江鄂等八州

洪州都督府

袁 杭 宣 湖 蘇 歙 辰 巫

南 夷 應 琰 莊 祥 屯 播

牢 恩

高州都督府劉昫唐書地理志云恩州武德四年置高州都督府管高春羅辯雷竇侯新八州貞觀二十三畫廢

循 建 振 瑶 部

廣州都督府

羅

崖州都督府

繡 辨 端 新 春 潘 竇 邕劉昫

唐書地理志云六年改邕州爲都督府此不云 潮 賀 封 梧 蒙

卽 瀧

桂州都督府 劉昫唐書地理志云貞觀元年以欽玉南亭三州隸桂府二年省玉州南亭州五年置賀州隸桂府六年又以尹勝越白相繡鬱姜南宏南方南簡南晉十二州隸桂府其年置龔州都督亦隸桂府其年廢龍鬱二州八年改越州爲潘州南簡爲橫州南方爲登州南宏爲潘州南晉爲邕州尹州爲貴州靜州爲富州樂州爲昭州南昆爲柳州銅州爲容州十年廢姜州十二年廢晏州燕州督桂昭賀富梧藤容潘白廉繡欽橫邕融柳貴十七州

廉 賓 藥 泉 欽 橫 貴 藤

象

交州都督府

儋 雷 峯 融 容 竇

龔州都督府 劉昫唐書地理志云貞觀三年置藤州七年移藤今州東仍移藤州之舊所置龔州都督府督龔潯蒙賓登藤七州

澄 鸞 濱 白 景 林 義 智劉昫

唐書地理志云寧州武德二年置義州五年改爲智州貞觀十二年改爲牢州案此則貞觀十三年尚仍武德名未改也

驩州都督府劉昫唐書地理志云貞觀二年置領驩演明智林源景海八州十二年廢明源海三州

儋 崖

凡縣一千五百五十一至十四年西克高昌又置西州都護府及庭州并六縣通前凡三百六十州俱初學記

已上序略見初學記今據劉昫唐書地理志校正其貞觀十三年制多有不同恐史之疏舊本初學記尤多譌字今率依史正之倘不能盡得也

括地志卷一終

括地志卷第二

賜進士及第分巡山東兗沂曹濟兼管驛傳水利黃河兵備道孫星衍輯

雍州

櫟陽故城一名萬年城在雍州東北百二十里漢七年分櫟陽城内爲萬年縣隋文帝開皇三年遷都於龍首川今京城也改萬年爲大興縣至唐武德元年又改曰萬年置在州東七里史記秦本紀正義

南陵故縣在雍州萬年縣東南二十四里漢南陵縣本薄太后陵邑陵在東北去縣六里史記外戚世家正義

杜陵故城在雍州萬年縣東南十五里漢杜陵縣宣帝陵邑也北去宣帝陵五里廟記云故杜伯也史記高祖本紀正義

杜伯國今永與長安縣南十五里有下杜伯家廟記云杜伯所

築漢之杜陵今萬年唐杜兩國也路史國名紀

終南山一名中南山一名太一山一名南山一名橘山一名楚山一名泰山一名周南山一名地脯山在雍州萬年縣南五十里史記夏本紀正義

畢原在雍州萬年縣西南二十八里史記魏世家正義

滻水即荆海猶枷之下流在雍州萬年縣史記封禪書正義

秦宜春宮在雍州萬年縣西南三十里宜春苑在宮之東杜之南始皇本紀云葬二世杜南宜春苑中史記司馬相如列傳正義

長安門故亭在雍州萬年縣東北苑中後館陶公主長門園武帝長門宮皆以此立名史記封禪書正義

軹道在雍州萬年縣東北十六里苑中史記高祖本紀正義

漢霸昌廄在雍州萬年縣東北三十八里史記梁孝王世家正義

周文王墓在雍州萬年縣西南二十八里原上也史記周本紀正義

武王墓在雍州萬年縣西南二十八里畢原上也史記周本紀正義

秦故胡亥陵在雍州萬年縣南三十四里史記秦始皇本紀正義

右萬年

長安故城在雍州長安縣西北三十里漢之舊都本秦離宮長安故咸陽也玉海通鑑地理通釋

按史傳所載長安之名舊矣又盧綰封之初項羽未滅蓋長安得名非始于漢但未詳所在耳及高帝五年入關乃取長安以名縣也司馬遷云長安故咸陽縣據當時之名因終說其事非謂封綰之日改咸陽爲長安矣又按史記趙亦有長安君未詳趙取嘉名將更有長安地名也長安志

按今縣界兼有周鎬京及杜伯國之地鎬京在今縣治西北十

八里鎬池是杜伯國在今縣治東南九里下杜故城是又漢奉明縣地今縣治北八里奉明故縣治是長安志

下杜故城在雍州長安縣東南九里古杜伯國華州鄭縣也毛詩譜云鄭國者周畿內之地宣王封其弟於咸林之地是爲鄭桓公史記秦本紀正義

蓋宣王殺杜伯以後子孫微弱附於秦及春秋後武公滅之爲縣漢宣帝時修杜之東原爲陵曰杜陵縣更名此爲下杜城長安志

漢書王莽以皇后有子孫瑞通子午道蓋以子午爲陰陽之王氣也風土記云王莽以皇后有子通子午道從杜陵直抵終南長安志

龍首山三字意增今按山首在長安故城中自漢築長安城及營宮殿咸以堙平其餘卽今宮城之太倉以東是也長安志

豐水源在雍州長安縣西南山灃谷 史記封禪書正義

豐水渠今名賀蘭渠東北流注交水 長安志

豐水北經靈臺西文王引水爲辟雍靈沼 據水經注增 今悉無復處

所惟靈臺孤立今按臺高二丈周迴百二十步 長安志

滈水源出雍州長安縣西北滈池酈元注水經云滈水承滈池北流入渭今按滈池水流入永通渠葢酈元誤矣 史記秦始皇本紀正義

鎬在雍州西南三十二里 史記周本紀正義

今按鎬池水又北流入永通渠不至慈石門亦不復入渭矣今圖經滈水在縣西四十里其水自鄠縣界入本縣界十里入清渠 長安志

潏水又名石壁谷水又名高都水漢王氏五侯大治池宅引高都水入長安城 長安志

漆渠二字意增胡亥將運南山之漆而開此渠一云胡亥築阿房宮開此渠而運南山之漆長安志

彪池二字意增今按其池周十五步長安志

豐鎬二水皆已堰入昆明池無復流派玉海宮室

昆明池在雍州長安縣西十八里玉海宮室

牛首池在雍州長安縣西北三十八里玉海宮室

秦阿房宮亦曰阿城在雍州長安縣西北一十四里史記秦始皇本紀正義

周武王宮即鎬京也皇甫謐帝王世紀曰武王自酆居鎬諸侯宗之是爲宗周今灃水之東長安之南三十里去酆二十五里鎬池即其故都也長安志

未央宮在雍州長安西北十里長安故城中史記高祖本紀正義近西南

隅長安志

建章宮在雍州長安縣西二十里長安故城西史記封禪書正義孝武本紀正義西一作中

壽宮北宮皆在雍州長安縣西北三十里長安故城中漢書云武帝壽宮以處神君史記封禪書正義孝武本紀正義

北宮在雍州長安縣西北十三里與桂宮相近在長安故城中史記外戚世家正義

漢長樂宮在長安縣北故城中玉海宮室引坤元録

蒲萄宮三字意增以太歲厭勝所在舍之北宮長安志

鉤弋宮在長安城中門名堯母門也史記外戚世家正義

漸臺在長安故城中關中記云未央宮西有蒼池池中有漸臺王莽死于此臺史記佞幸列傳正義

漸臺（二字意增）既云就車而之漸臺雖未央建章複道相屬但漢兵既迫不應駕車踰城此卽非建章之漸臺明矣然則未央建章似各有漸臺非一所也（長安志）

柏梁臺在雍州長安故城中（玉海宮室）

神明臺在長安西北二十里長安故城中西漢建章宮有神明臺（玉海宮室）

昆明觀在雍州長安縣西二十里黃圖上林苑有昆明觀（玉海宮室）

蓹宿苑（三字意增）臣泰按其粟味甘而小不如三秦記所說含消梨人間往往有之其大不至五升亦不出此川矣（長安志）

漢太上皇廟在雍州長安縣西北長安故城中酒池之北高帝廟北高帝廟亦在故城中也（史記高祖本紀正義）

高廟在長安縣西北十三里渭南（玉海郊祀）

漢圓丘在長安治內四里居德坊東南隅長安志

杜祠在雍州長安縣西南二十五里史記封禪書正義

磁石門一名却胡臺長安志

虎圈今在長安城中西偏也史記封禪書正義

右長安

堯門山俗名石門在雍州三原縣西北三十三里上有路其狀若門故老云堯鑿山爲門因名之武德年中於此山南置石門縣貞觀年中改爲雲陽縣史記秦始皇本紀正義

右三原

谷口故城在雍州醴泉縣東北四十里漢谷口縣也史記淮南衡山列傳正義

右醴泉

荆山在雍州富平縣今名掘陵原史記夏本紀正義

沮水一名石川水源出雍州富平縣東入櫟陽縣南漢高祖于櫟陽置萬年縣十三州地理志云萬年縣南有涇渭北有小河即沮水也史記夏本紀正義

右富平

雲陽城在雍州雲陽縣西八十里秦始皇甘泉宮在焉史記秦始皇本紀正義

中山一名仲山在雍州雲陽縣西十五里又云焦穫藪亦名瓠中在涇陽北城外也史記河渠書正義

甘泉山一名石鼓原俗名磨石嶺在雍州雲陽縣西北九十里關中記云甘泉宮在甘泉山上年代永久無復甘泉之名失其實也宮北云有連山土人爲磨石嶺郊祀志云公孫卿言黃帝

得仙於寒門寒門者谷口也按九嵕山（脫東字）中（脫山字）西謂之谷口即古寒門也在雍州醴泉縣東北四十里（史記范雎蔡澤列傳正義）

漢雲陽宮在雍州雲陽縣北八十一里有通天臺即黃帝以來祭天圜丘之處武帝以五月避暑八月乃還也（史記封禪書正義孝武本紀正義）

雲陽宮秦之甘泉宮在雍州雲陽縣西北八十里秦始皇作甘泉宮去長安三百里黃帝以來祭圜丘處也（史記外戚世家正義）

雲陽雍州縣秦之林光宮漢之甘泉在雍州雲陽縣西北八十里秦始皇作甘泉宮去長安三百里望見長安秦始皇以來祭天圜丘處（史記匈奴列傳正義）

雲陽陵漢鉤弋夫人陵也在雲陽縣西北五十八里孝武帝鉤弋趙婕妤昭帝之母齊人姓趙少好清靜六年臥病右手捲飲

食少望氣者云東北有貴人推而得之召到姿色甚佳武帝持其手伸之得玉鈎後生昭帝武帝末年殺夫人殯之而尸香一月昭帝更葬之棺但存絲履也宮記云武帝思之爲起通靈臺於甘泉常有一青鳥集臺上往來至宣帝時乃止史記外戚世家正義

徑路神祠在雍州雲陽縣西北九十里甘泉山下本匈奴祭天處秦奪其地後徙休屠右地史記匈奴列傳正義

益壽延壽館在雍州雲陽縣西北八十一里通天臺西八十步玉海宮室引史記正義

右雲陽

咸陽故城亦名渭城在雍州北五里今咸陽縣東十五里京城北四十五里秦孝公已下並都此城始皇鑄金人十二于咸陽即此也史記秦始皇本紀正義

咸陽故城亦名渭城在雍州咸陽縣卽（疑有孝字）公徙都之者今咸陽縣古之杜郵白起死處（史記秦本紀正義）

安陵故城在雍州咸陽縣東二十一里周之程邑也（史記太史公自序正義）

蘭池陂（一作蘭池）卽古之蘭池在咸陽縣界秦記云始皇都長安引渭水爲池築爲蓬瀛刻石爲鯨長二百丈逢盜之處也（史記秦始皇本紀正義）

秦望夷宮在雍州咸陽縣東南八里（史記秦始皇本紀正義）

棘門在渭北十餘里秦王門名也（史記絳侯周勃世家正義）

渭橋本名橫橋架渭水上在雍州咸陽縣東南二十二里按此橋對門也（史記外戚世家正義）

細柳倉在雍州咸陽縣西南二十里也（史記絳侯周勃世家正義）

秦惠文王陵在雍州咸陽縣西北一十四里 史記秦始皇本紀正義

秦悼武王陵在雍州咸陽縣西北十五里 一云西十里 俗名周武王陵非也 史記秦本紀正義又始皇本紀正義

長陵在雍州咸陽縣東三十里 史記高祖本紀正義

陽陵漢景帝陵也在雍州咸陽縣東三十里 史記孝景本紀正義又云四十里外戚世家正義

渭陽五帝廟在雍州咸陽縣東三十里宮殿疏云五帝廟一宇五殿也 史記封禪書正義

周公墓在雍州咸陽縣北十三里畢原上 史記魯周公世家正義

蕭何墓在雍州咸陽縣東北三十七里 史記蕭相國世家正義

右咸陽

渭南縣城 四字意增 隋煬帝大業九年築 長安志

渭南故城在縣治東南四里西魏文帝大統十六年築長安志

右渭南

雍州新豐縣本周時驪戎邑左傳云晉獻公伐驪戎杜注云在京兆新豐縣其後秦滅之以爲邑史記秦始皇本紀正義

新豐故城在雍州新豐縣西南四里漢新豐宮也太上皇時悽愴不樂高祖切因左右問故答以平生所好皆屠販少年酤酒買雞蹴踘以此爲歡今皆無此故不樂高祖乃作新豐徙諸故人實之太上皇乃悅按前于酈邑築城寺徙其民實之未改其名太上皇崩後改命曰新豐史記高祖本紀正義

驪戎故城在雍州新豐縣南十六里殷周時驪戎國城也史記周本紀正義

驪山在雍州新豐縣南十六里土地記云驪山即藍田山史記周本

紀正義

戲水源出雍州新豐縣西南驪山水經注云戲水出驪山馮公谷東北流今新豐縣東北十一里史記秦始皇本紀正義

新豐縣南驪山上猶有露臺之舊址其處名露臺玉海宮室

秦始皇陵在雍州新豐縣西南十里史記秦始皇本紀正義

秦莊襄王陵在雍州新豐縣西南三十五里俗亦謂爲子楚始皇陵在北故亦謂爲見子陵史記秦始皇本紀正義

右新豐

藍田山三字意增臣桑案聖賢冢墓記驪山之陽多美玉今縣西北四十里有驪山即此山之北阜驪山之陽或謂此也長安志

灞水古滋水也亦名藍谷水即秦嶺水之下流在雍州藍田縣史記封禪書正義

芷陽在雍州藍田縣西六里三秦記云鹿當云白鹿原東有霸川之西阪故芷陽也史記秦本紀正義

藍田關在雍州藍田縣東南九十里即秦嶢關也史記曹相國世家正義

皇子陂在雍州藍田縣西長安志

右藍田

犬丘故城一名槐里亦曰廢丘在雍州始平縣東南十里已上史記外戚世家正義又引地理志云扶風槐里縣周曰犬丘懿王都之秦更名廢丘高祖三年更名槐里史記秦本紀正義

雍州三原縣有湯陵又有湯臺在始平縣西北八里史記秦本紀正義

右始平

高陵故城在雍州高陵縣西南一里本名横橋架渭水上三輔舊事云秦于渭南有興宮渭北有咸陽宮秦昭王欲二宮之間

造橫長橋三百八十步橋北京石水中舊有脫忖字留神象此神曾與魯班語班令其出留曰我貌醜卿善圖物容不出班於是拱手與語曰出頭見我留乃出首班以脚畫地忖留覺之便沒水故置其象於水上唯有腰以上魏太祖馬見而驚命移下之史記孝文本紀正義

右高陵

櫟陽故城一名萬年城在雍州櫟陽東北二十五里秦獻公之城櫟陽即此也史記項羽本紀正義

秦櫟陽故宮在雍州櫟陽縣北三十五里秦獻公所造三輔黄圖云高帝都長安未有宮室居櫟陽宮也史記高祖本紀正義

右櫟陽

焦穫亦名瓠口亦曰瓠一作瓠中在雍州涇陽縣城北十數里周

有焦穫也史記匈奴列傳正義

右涇陽

頻陽故城在雍州同官縣界故頻陽縣城也史記秦本紀正義

頻陽故城在宜州土門縣南三里今土門縣併入同官縣屬雍州宜州廢也史記絳侯周勃世家正義

右同官

雍州鄠縣東南山澧水出焉北入渭也史記夏本紀正義

雍州南鄠縣本夏之扈國也地理志云鄠縣古扈國有戶亭訓纂云戶扈鄠三字一也古今字不同耳史記夏本紀正義

周豐宮周文王宮也在雍州鄠縣東三十五里史記周本紀正義

右鄠

秦長楊宮在雍州盩厔縣東南二里上起以宮內有長楊樹以

爲名史記司馬相如列傳正義

駱谷關在雍州盩厔縣西南二十里開駱谷道以通梁州也史記田叔列傳正義

右盩厔

漢武功縣在渭水南今盩厔縣西界也史記田叔列傳正義

故周城一名美陽城在雍州武功縣西北二十五里卽太王城也史記周本紀正義

故斄城一名武功城在雍州疑有脫字縣西南二十二里古邰國后稷所封也有后稷及姜嫄祠史記周本紀正義又曹相國世家正義

壤鄉今在雍州武功縣東南二十餘里高壤坊是高欒近壤鄉也史記曹相國世家正義

右武功

好畤城在雍州好畤縣東南十三里史記曹相國世家正義

梁山在雍州好畤縣西北十八里史記周本紀正義

梁山宮俗名望宮山在雍州好畤縣西十二里北夫梁山九里秦始皇起從山上見丞相車騎衆弗善即此山也史記秦始皇本紀正義

右好畤

華州

萬里沙在華州按縣東北二十里也史記河渠書正義

鄭故城在華州鄭縣西北三里玉海通鑑地理通釋桓公友之邑秦縣之又詩地理攷

故武城一名武平城在華州鄭縣東北十三里史記秦本紀正義

右鄭

平舒故城在華州華陰縣西北六里水經注云渭水又東經平

舒北城枕渭濱半破渝水南面通衢昔秦之將亡也江神送壁於華陰平舒道即其處也史記秦始皇本紀正義

華山在華州華陰縣南八里以上史記夏本紀正義又引云界八里古文以爲敦物也注云當云注水經云華嶽本一山當河水過而行河神巨靈手盪脚蹋開而爲兩今脚跡在東首陽下手掌在華山今呼爲仙掌河流于二山之間也關山圖云巨靈胡者偏得神仙道能造山川出江河也史記封禪書正義

鎬泉二字意增是河眼亦謂之鎬池太平寰宇記云在華陰縣東十九里其水或涌或止深不可測

右華陰

同州

雒陰在同州西也史記魏世家正義

同州本臨晉城也一名大荔城亦曰馮翊城史記河渠書正義

伏龍祠在同州馮翊縣西北四十里故老云漢時自徵穿渠引洛得龍骨其後立祠因以伏龍爲名今祠頗有靈驗也（史記河渠書正義）

右馮翊

重泉故城在同州蒲城縣東南（已上史記秦本紀正義又引）四十五里在同州西北亦四十五里（史記河渠書正義）

右蒲城

南芮鄉故城在同州朝邑縣南三十里又有北芮城皆古芮伯國鄭元云周同姓之國在畿內爲王卿士者左傳云桓公三年芮伯萬之母芮姜惡芮伯之多寵人故逐之出居魏（史記秦本紀正義）

懷德故城在同州朝邑縣西南四十三里（史記絳侯周勃世家正義）

同州東三十里朝邑縣東三十步故王城大荔近王城邑（史記秦本

紀正義

同州馮翊縣及朝邑縣本漢臨晉縣地古大荔戎國今朝邑縣東三十步故王城卽大荔王城史記匈奴列傳正義

大河祠在同州朝邑縣南三十里山海經云馮夷人面乘兩龍也太公金匱云馮修也魚龍河圖云河伯姓呂公子夫人姓馮名夷河伯字也華陰縣潼鄉隄首人水死化爲河伯應劭云夷馮夷乃水仙也史記封禪書正義

右朝邑

王官故城在同州澄城縣西北九十里晉世家作六十里又云南郊故城在縣北十七里又有北郊故城又有西郊故城左傳云文公三年秦伯伐晉濟河焚舟取王官及郊也史記秦本紀正義

右澄城

同州韓城縣南二十二里少粱故城古少粱國都城記云粱伯國嬴姓之後與秦同祖秦穆公二十二年滅之史記秦本紀正義

韓城在縣南十八里故古韓國也古今地名云韓武子食采於韓原地城也史記韓世家正義

彭衙故城在同州白水縣東北六十里史記秦本紀正義

籍姑故地在同州韓城縣北三十五里史記秦本紀正義

龍門山在同州韓城縣北五十里李奇云禹鑿通河水處廣八十步三秦記云龍門水懸船而行兩旁有山水陸不通龜魚集龍門下數千不得上上則爲龍故云暴鰓點額龍門下史記夏本紀正義

粱山在同州韓城縣東南十九里史記夏本紀正義

華池在同州韓城縣西南七十里在夏陽故城西北四里史記太史

公自序正義

韓原在同州韓城縣西南十八里十六國春秋云魏顆夢父結草抗秦將杜回亦在韓原史記秦本紀正義

高門原俗名馬門原在同州韓城縣西南十八里漢司馬遷墓在韓城縣南二十二里夏陽縣故城東南有司馬遷冢在高門原上也史記太史公自序正義

龍門在同州韓城縣北五十里其山更黄河夏禹所鑿者也龍門山在夏陽縣遷即漢夏陽縣人也至唐改曰韓城縣史記太史公自序正義

右韓城

郃陽故城在同州河西縣三里已上史記魏世家正義又引云南三里魏文侯十七年攻秦至鄭而還築在郃水之陽也史記高祖本紀正義

古莘國城在同州河西縣南二十里世本云莘國姒姓夏禹之後即散宜生等求有莘美女獻紂者史記周本紀正義

右河西

岐州

岐州雍縣南七里故雍城秦德公大鄭宮城也史記秦本紀正義

蘄年宮在岐州城西故城內史記秦始皇本紀正義

秦回中宮在岐州雍縣西四十里即匈奴所燒者也史記匈奴列傳正義

漢五帝畤在岐州雍縣南已上孝武帝本紀正義又引有孟康云畤者神靈之所止十字則鄜畤吳陽上畤下畤密畤北畤秦文公夢黃蛇自天而下屬地其口止于鄜衍作畤郊祭白帝曰鄜畤秦宣公作密畤於渭南祭青帝秦靈公作吳陽上畤祭黃帝作下畤亦祠黃帝漢高帝曰天有五帝今四何也待我而具五遂立黑帝曰北畤是也史記秦本

紀正義

鄜畤吳陽上下畤是言秦用四時祠上帝青赤白最尊也史記封禪書正義

三畤原在岐州雍縣南二十里封禪書云秦文公作鄜畤襄公作西畤靈公作吳陽上畤竝此原上因名也史記秦本紀正義

野人塢在岐州雍縣東北二十里史記秦本紀正義

秦穆公冢在岐州雍縣東南二里史記秦本紀正義

三良冢在岐州雍縣一里故城西史記秦本紀正義

蹇叔岐州人也史記李斯列傳正義

公孫支岐州人遊晉後歸秦史記李斯列傳正義

右雍

故虢城在岐州陳倉縣東四十里史記周本紀正義次西十餘里又有

城亦名虢城輿地志云此虢文王母弟虢叔所封是曰西虢史記秦本紀正義

陳倉山在今岐州陳倉縣之南史記封禪書正義

蒯亭在河南西十四里苑中輿地志云蒯成縣故陳倉縣之故鄉聚名也周緤所封也晉武帝咸寧四年分陳倉立蒯成縣屬始平郡也史記傅靳蒯成列傳正義

散關在岐州陳倉縣東南五十二里史記老莊申韓列傳正義

寶雞神祠在岐州陳倉縣東二十里故陳倉城中史記秦本紀正義又引云寶雞神祠在漢陳倉縣故城中晉太康地志云秦文公時陳倉人獵得獸若彘不知名牽以獻之逢二童子童子曰此名爲媦常在地中食死人腦即欲殺之拍捶其首媦亦語曰二童子名陳寶得雄者王得雌者霸陳倉人乃逐二童子化爲雉雌上陳倉北坂爲石秦

祠之搜神記云其雄者飛至南陽其後光武起于南陽皆如其言也史記秦本紀正義

寶雞神祠在漢陳倉縣故城中今陳倉縣之東石雞在陳倉山上祠在陳倉城史記封禪書正義

秦寧公墓在岐州陳倉縣西北三十七里秦陵山帝王世紀云秦寧公葬西山大麓故秦號秦陵山也史記秦本紀正義

大梓樹在岐州陳倉縣南十里倉山上錄異傳云秦文公時雍南山有大梓樹文公伐之輒有大風雨樹生合不斷時有一人病夜往山中聞有鬼語樹神曰秦若使人被髮以朱絲繞樹伐汝汝得不困耶樹神無言明日病人語聞公如其言伐樹斷中有一青牛出走入豐水中其後牛出豐水中使騎擊之不勝有騎墮地復上髮解牛畏之入不出故置髦頭漢魏晉因之武都

郡立怒特祠是大梓牛神也按今俗畫青牛障是（史記秦本紀正義）

右陳倉

郿縣故城在岐州郿縣東北十五里（史記封禪書正義）毛萇云秦文公東獵汧渭之會卜居之乃營邑焉即此城也（史記秦本紀正義）世紀文公徙汧（玉海通鑑地理通釋）

右郿

周公故城在岐山縣北九里召公故城在岐山縣西南十里此周召之采邑也（玉海宮室引史記正義又詩地理攷）

邵亭故城在岐州岐山縣西南十里故召公邑（玉海詩地理攷）

平陽故城在岐州岐山縣西四十六里秦寧公徙都之處（史記秦本紀正義）

岐山在岐州岐山縣東北十里（史記夏本紀正義）

兹泉水源出岐州岐山縣西南凡谷呂氏春秋云太公釣於兹泉遇文王酈元云磻磎中有泉謂之兹泉積水爲陳卽太公釣處今謂之凡谷有石壁深高幽邃人跡罕及東南隅有石室葢太公所居水次磐石釣處卽太公垂釣之所其投竿跪餌兩膝遺跡猶存是磻磎之稱也其水清冷神異北流十二里注于渭說苑云呂望年七十釣于渭渚三日三夜魚無食者望卽忿脫其衣冠上有農人者古之異人謂望曰子姑復釣必細其綸芳其餌徐徐而投無令魚駭望如其言初下得鮒次得鯉刺魚腹得書書文曰呂望封于齊望知其異史記齊太公世家正義

右岐山

漆水源出岐州普潤縣東南岐山漆溪東入渭史記夏本紀正義

右普潤

括地志卷二終

括地志卷第三　　岱南閣叢書

賜進士及第分巡山東兗沂曹濟兼管驛傳水利黃河兵備道孫星衍輯

隴州

故汧城在隴州汧源縣南三里帝王世紀云秦襄公二年徙居汧卽此城史記秦本紀正義

汧山在隴州汧源縣西六十里其山東鄰岐岫西接隴岡汧水出焉史記夏本紀正義

汧水源出隴州汧源縣西南汧山東入渭史記封禪書正義

河水又出於陽紆陵門之山者穆王之所至爾雅云秦有陽紆在今扶風汧縣之西路史疏仡記

右汧源

豳州

豳州新平縣即漢漆沮縣也（史記周本紀正義）詩豳國公劉所邑之地也（同上）

右新平

豳州三水（四字意增）縣西十里有豳原周先公劉所都之地也豳城在此原上因公爲名（史記周本紀正義）

右三水

涇州

烏氏故城在涇州安定縣東三十里周之故地後入戎秦惠王取之置烏氏縣也（史記匈奴列傳正義）

右安定

陰密故城在涇州鶉觚縣西其東接縣城即古密國（一云即古密須國）也（史記周本紀正義又秦本紀正義節文）

鶉觚密氏姞姓今陰密城在涇州之安定郡縣志在靈臺西路史國名紀

右鶉觚

彭城故城在涇州臨城縣東二十里史記匈奴列傳正義

右臨城

寧州

寧慶二州春秋及戰國時爲義渠戎國之地也史記秦本紀正義

寧州慶州西戎即劉拘邑城時爲義渠戎國秦爲北地郡也史記秦本紀正義

湫谷水原出寧州安定縣史記封禪書正義

右安定

寧州羅川縣在州東南七十里漢陽周縣史記項羽本紀正義

回中宮在雍州西四十里言始皇欲西巡隴西之北從咸陽向西北出寧州西南行至成州出雞頭山東還過岐州回中宮史記秦始皇本紀正義

黃帝陵在寧州羅川縣東八十里子午山地理志云上郡陽周縣橋山南有黃帝冢按陽周隋改爲羅川爾雅曰山銳而高曰橋也史記五帝本紀正義

右羅川

鄜州

雕陰故縣在鄜州洛交縣北三十里雕陰故城是也史記魏世家正義

右洛交

延州

延州州城即漢高奴縣史記項羽本紀正義

延銀綏三州白翟地史記匈奴列傳正義

原州

原寧慶三州秦北地郡戰國及秦春秋時爲義渠戎國之地周先公劉不窋居之古西戎也史記秦本紀正義

笄頭山一名崆峒山在原州平高縣西百里禹貢涇水所出輿地志云或即雞頭山也酈元云蓋大隴山異名也莊子云廣成子學道崆峒山黄帝問道于廣成子蓋在此史記五帝本紀正義

朝那湫祠在原州平高縣東南二十里史記封禪書正義

右平高

涇水源出原州百泉縣西南笄頭山涇谷東南流入渭也史記夏本紀正義

右百泉

靈州

薄骨律鎮城以在河渚之中隨水上下未嘗陷沒故號曰靈州初在河北胡城大統六年于果國復築城以爲州即今州是也太平寰宇記靈州

梁北河在靈州界也史記衛將軍驃騎列傳正義

夏州

夏州秦上郡漢分置朔方郡魏不改隋置夏州也史記河渠書正義

夏州朔方縣北什賁故城是按蘇建築什賁之號蓋出蕃語也史記衛將軍驃騎列傳正義

右朔方

鹽州

鹽州古戎狄居之即朐衍戎之地秦北地郡也史記匈奴列傳正義

白土故城在鹽州白池東北三百九十里又近延州綏州銀州本春秋時白狄所居七國屬魏後入秦秦置三十六郡洛漆沮也史記匈奴列傳正義

右白池

勝州

榆中勝州所治榆林縣王海通鑑地理通釋

雲中故城在勝州榆林縣東北四十里秦雲中郡史記絳侯周勃世家正義

右榆林

勝州連谷縣本秦九原郡漢武帝更名五原史記匈奴列傳正義

右連谷

漢五原郡河目縣故城在北假中北假地名也在河北今屬勝州銀城縣漢書王莽傳云五原北假膏壤殖穀史記匈奴列傳正義

椢陽縣漢舊縣也在銀州當爲勝州銀城縣界史記魏世家正義五原郡椢一作相陽縣北出石門鄣得光祿城又西北得支就縣又西北得頭曼城又西北得牢城河又西北得宿虜城案卽築城鄣列亭至廬朐也服虔云廬朐匈奴地名也張晏云山名也史記匈奴列傳正義

右銀城

綏州

上郡故城在綏州上縣東南五十里秦魏一引無魏字之上郡地一作城也史記秦始皇本紀正義又魏世家正義

右上

慶州

不窋故城在慶州安化縣南三里卽不窋在戎狄所居之城也

史記周本紀正義

右安化

洛水源出慶州洛源縣白於山南流入渭史記封禪書正義

洛水一名漆沮水源出慶州洛源縣白於山東南流鄜丹同三州至華陰北南流入渭非古公所度漆沮也玉海詩地理攷

右洛源

秦故道在慶州華池縣西四十五里子午山上自九原至雲陽千八百里史記匈奴列傳正義

右華池

蒲州

蒲坂故城在蒲州河東縣南二里卽堯舜所都也史記秦本紀正義

蒲坂今蒲州南二里河南縣界蒲坂故縣是也史記五帝本紀正義

陶城在蒲州河東縣北三十里卽舜所都也南去歷山不遠或陶所在則可何必定陶方得爲舜陶之陶也斯或一焉史記五帝本紀正義

蒲州河東縣雷首山一名中條山亦名歷山亦名首陽山亦名蒲山亦名襄山亦名甘棗山亦名猪山亦名獨頭山亦名薄山亦名吳山此山西起雷首山東至吳坂凡十一名隨州縣分之史記五帝本紀正義

雷首山在蒲州河東縣史記夏本紀正義

蒲州河中府河東縣雷首山亦名歷山南有舜井玉海通鑑地理通釋

嬀源汭水出蒲州河東南山許愼云水涯曰汭按地記云河東郡靑山東山中有二泉下南流者爲嬀水北流者汭水二水異泉合流出谷西注河嬀水北曰汭也又云河東縣二里故蒲坂城舜

所都也城中有舜廟城外有舜宅及二妃壇史記五帝本紀正義

右河東

令狐故城在蒲州猗氏縣界十五里也史記秦本紀正義

右猗氏

晉陽故城今名晉城在蒲州虞鄉縣西三十五里史記魏世家正義

張陽故城一名東張城在蒲州虞鄉縣西北四十里史記曹相國世家正義

故智城在蒲州虞鄉縣西北四十里古人地名云解縣有智城蓋謂此也史記魏世家正義

右虞鄉

汾陰故城俗名殷湯城在蒲州一無此字汾陰縣北以上秦本紀正義又引九里漢汾陰縣史記河渠書正義

右汾陰

郇伯故三字意增城在縣玉海所指縣或是此或是猗氏未詳孰是西南四里玉海詩地理攷

濁水源出蒲州解縣東北平地史記趙世家正義

右解

鹽故城一名司鹽城在蒲州安邑縣史記秦本紀正義

高涯原出蒲州安邑縣北三十里南坂口即古鳴條陌也鳴條戰地在安邑西史記殷本紀正義

右安邑

汾州

西陽即中陽也在汾州隰城縣東十里地理志云西都中陽屬西河郡史記秦本紀正義

中陽故縣在汾州隰城縣南十里漢中陽縣也史記趙世家正義

鵲泉山一名隱泉山在汾州隰城縣北注水經云其山崖壁立崖半有一石室去地五十丈頂上平地十許頃隨國集記云此爲子夏石室退老西河居此有卜商神祠今見在史記仲尼弟子列傳正義

右隰城

中都故縣在汾州平遥縣西南十二里即西都也史記秦本紀正義一云西十二里梁孝王世家正義又引一云在西南十二里秦屬太原郡也孝文本紀正義又引

右平遥

絳州

故垣城一作地非漢縣治本魏王垣也在絳州垣縣西北二十里史記秦始皇本紀正義又魏世家正義節文

絳水一名白水今名弗泉源出絳山飛泉奮湧揚波注縣積壑

二十許丈望之極爲奇觀史記魏世家正義

右垣

臨汾故城在絳州正平縣東北二十五里卽古臨汾縣城也史記秦本紀正義

王澤在絳州正平縣南七里史記趙世家正義

右正平

絳邑城玉海引云故城漢絳縣玉海引有本晉都新田五字在絳州曲沃縣南二里玉海作三里有云以絳山爲名通鑑地理通釋或以爲秦之舊馳道也史記絳侯周勃世家正義

絳州曲沃縣有曲沃故城土人以爲晉曲沃新城史記秦本紀正義

右曲沃

周陽故城在絳州聞喜縣東一云東南三十九里一云二十九里史記孝文帝本紀正義及外戚世家正義

右聞喜

安邑故城在絳州夏縣東北十五里本夏之都史記秦本紀正義

右夏

故唐城在絳州翼城縣西二十里徐才宗國都城記云唐因帝堯之裔子所封春秋云夏孔甲時有堯苗裔劉累者以豢龍事孔甲夏后嘉之賜氏御龍以更豕韋之後龍一雌死潛醢之以食夏后既而使求之懼而遷於魯縣夏后蓋别封劉累之孫于大夏之墟為侯至周成王時唐人作亂成王滅之而封大叔更遷唐人子孫于杜謂之杜伯即范匄所云在周為杜唐氏按魯縣汝州魯山縣是今隨州棗陽縣東南一百五十里上唐鄉故城即脫是字後子孫徙于唐史記晉世家正義

澮水縣在絳州翼城縣東南二十五里按皮牢當在澮之側史記

趙世家正義

澮高山又云澮山在絳州翼城縣東北二十五里澮水出北山也史記魏世家正義

右翼城

故耿城今名耿倉城在絳州龍門縣東南十二里故耿國也都城記云耿嬴姓國史記秦本紀正義又殷本紀正義

皮氏故城在絳州龍門縣西秦始皇本紀正義又引節文百三十步一云一百八十步也魏世家正義又引自秦漢魏晉皮氏縣皆治也史記河渠書正義

右龍門

晉州

高粱故城在晉州臨汾縣東北二十七里水經汾水西南過高梁邑西玉海通鑑地理通釋

右臨汾

平陽故城即晉州城西面今平陽故城東面也城記云堯築也史記外戚世家正義又五帝本紀正義引徵異

平陽河水一名晉水也史記五帝本紀正義

右平陽

故楊城本秦時楊國漢楊縣城也今晉州洪洞縣也至隋爲楊唐初改爲洪縣以故洪洞鎮爲名也秦及漢皆屬河東郡史記酷吏列傳正義

郅都墓在洪洞縣東南二十里漢書云郅都河東大陽人班固失之甚也大陽今陜州河北縣是亦屬河東也史記酷吏列傳正義

右洪洞

千畝原在晉州岳陽縣北九十里也史記周本紀正義又趙世家正義

右岳陽

晉州霍邑縣本漢彘縣後改彘曰永安從鄗犇晉也 史記周本紀正義

彘晉州霍邑縣也鄭元云霍山在彘本秦時霍伯國 史記齊太公世家正義 一作鄭元注周禮云又云春秋時霍伯國地管蔡世家正義

趙城今晉州趙城縣是本彘縣地後改曰永安即造父之邑也 史記秦本紀正義

霍晉州霍邑縣又春秋時霍伯國韋昭云霍姬姓也 史記秦本紀正義

右永安

隰州

蒲邑故城在隰川縣北四十五里在蒲水之北故言 一作曰 蒲陽 以上魏世家正義又引 即晉公子重耳所居邑也 史記秦始皇本紀正義

右隰川

慈州

壺口（一有山字）在慈州吉昌縣西南五十里（史記夏本紀正義）

右吉昌（郎吉常）

故鄂城在慈州昌寧縣東二里（史記晉世家正義）

右昌寧

石州

離石縣今石州所理縣也地理志曰西河有趙藺離石二縣（史記周本紀正義）

右離石

潞州

潞州本赤狄地（史記匈奴列傳正義）

右上黨

屯留故城在潞州長子縣東北三十里漢屯留吁國也史記秦始皇本紀正義一作縣東北三十里本漢屯留縣也趙世家正義

漳水一名濁漳水源出潞州長子縣西力黄山地理志云濁漳水在長子鹿谷山東至鄴入清漳史記河渠書正義

右長子

降水源出潞州屯留縣西南方東北流冀州入海史記夏本紀正義

右屯留

故黎城黎侯國也在潞州黎城縣東北十八里尚書曰西伯既勘黎是也史記周本紀正義

右黎城

閼與聚落今名烏蘇城在潞州銅鞮縣西北二十里又儀州順和縣城亦云韓閼與邑二所未詳又有閼與山在洛州武安縣

西五十里蓋是也史記趙世家正義

銅鞮故城在潞州銅鞮縣東十五里州西六十五里在并州東南也史記絳侯周勃世家正義

右銅鞮

沁州

霍太山在沁州沁源縣西七十八里一云太嶽霍山也史記夏本紀正義

三神祠今名原過祠今在霍山側也史記趙世家正義

右沁源

澤州

高都故城今澤州是史記秦本紀正義

右晉城

光狼故城在澤州高平縣西史記秦本紀正義

澤州安平縣本漢高平縣史記蕭相國世家正義

趙郜故城一名都尉城今名趙東城在澤州高平縣西二十五里又有故穀城此二城即二郜也史記白起王翦列傳正義

長平故城在澤州高平縣西二十一里即白起敗括於長平處史記趙世家正義

右高平

析城山在澤州西南七十里注水經云析城山甚高峻上平坦有二水東濁西清左右不生草木史記夏本紀正義

右析城

代州

夏屋山一名賈屋山今名賈母山在代州鴈門縣東北三十五里夏屋與勾注山相接蓋北方之險亦天下之阻路所以分別

內外也史記趙世家正義

勾注山一名西陘山在代州鴈門縣西北四十里史記趙世家正義

右鴈門

葰人故城在代州繁畤縣界一云界內也以上樊噲列傳正義又引漢葰人縣也

按樊噲列傳作葰人其音亦同史記絳侯周勃世家正義

右繁畤

原平故城漢原平縣也在代州崞縣南三十五里史記趙世家正義

樓煩三城四字意增在并州崞縣界地理志云在鴈門郡史記絳侯周勃世家

正義按并州當作代

右崞縣

朔州

朔州春秋時北地也如淳云卽澹林也爲李牧滅史記匈奴列傳正義

朔州城漢鴈門郡馬邑縣城也攻韓信於馬邑卽此城史記高祖本紀正義

武泉故城在朔州北二百二十里史記絳侯周勃世家正義

新城一名小平城在朔州善陽縣西南四十七里史記秦本紀正義

定襄故城在朔州善陽縣北三百八十里地理志云定襄郡高帝置也史記匈奴列傳正義

趙武靈王長城在朔州善陽縣北案長城水經云白道長城北山上有長垣若頹毀焉公奚當爲沿溪亘嶺東西無極蓋趙靈王所築也史記匈奴列傳正義

陰山在朔州北塞外突厥界史記匈奴列傳正義

右善陽

東安陽故城在朔州定襄縣界地志云東安陽縣屬代郡史記趙世

（家王義）

當城在朔州定襄縣界土地十三州記云當城在高柳東八十里縣當常山故曰當城（史記高祖本紀正義）

朔州定襄縣本漢平城縣縣東北三十里有白登山山上有臺名曰白登臺漢書匈奴傳曰蹋頓圍高帝於白登七日即此也服虔云白登臺名去平城七里李穆叔趙記云平城東七里有土山高百餘尺方十餘里亦謂此也（史記高祖本紀正義）

右定襄

蔚州

靈邱蔚州理縣也（史記趙世家正義）

靈邱故城在蔚州靈邱縣東十里漢縣也（史記絳侯周勃世家正義）

故平舒城在蔚州靈邱縣北九十三里也（史記趙世家正義）

趙武靈王墓在蔚州靈丘縣東三十里史記趙世家正義

右靈丘

摩笄山一名磨笄山亦名爲山在蔚州飛狐縣東北百五十里魏土地記云代郡東南二十五里有馬頭山趙襄子旣殺代王使人迎其婦代王夫人曰以弟慢夫非仁也以夫怨弟非義也磨笄自殺而死使者遂亦自殺史記趙世家正義

右飛狐

并州

并州太原地名大明城卽古晉陽城智伯與韓魏攻趙襄子於晉陽卽此城是也史記梁孝王世家正義

右太原

大夏今并州晉陽及汾絳等州是昔高辛氏子實沈居之西近

河史記秦始皇本紀正義

故唐城在并州晉陽縣北二里城記云堯築也國都城記云唐叔虞之子燮父徙居晉水傍今并理故唐城唐者即燮父所徙之處其城南半入州城中削爲坊城牆北半見在毛詩譜云叔虞子燮父以堯墟南有晉水改曰晉侯史記晉世家正義

晉水源出并州晉陽縣西懸甕山山海經云懸甕之山晉水出焉東南流注汾水昔趙襄子保晉陽智氏防山以水灌之不沒者三版其瀆乘高西注入晉陽城以周溉灌東南出城注於汾陽也史記魏世家正義

右晉陽

榆次并州縣即古榆次地也史記秦本紀正義

右榆次

梗陽故城在并州淸源縣南百二十步分晉陽縣置本漢榆次縣地春秋晉大夫祁氏邑也史記趙世家正義

右淸源

并州祁縣城晉大夫祁奚之邑史記孝文帝本紀正義

右祁

大陵城在并州文水縣北十三里漢大陵縣城史記趙世家正義

右文水

狼孟故城在并州陽曲縣東北二十六里史記秦本紀正義

右陽曲

并州盂縣外城俗名原仇山亦名仇猶夷狄之國也韓子云智伯欲伐仇猶國道險難不通乃鑄大鍾遺之載以廣車仇猶大悅險塗內之赤章曼支諫曰不可此小所以事大而今大以遺小

辛必隨不可不聽遂内之晏支因斷轂而馳至十九日而仇猶亡也史記傅靳列傳正義

右盂

昔陽故城一名陽城在并州樂平縣東春秋釋地名云昔陽服國所都也樂平城治縣東昔陽城服姓白狄別種也樂平縣城漢治縣城也史記趙世家正義

右樂平

嵐州

嵐州樓煩胡地也風俗通云故樓煩胡地也史記匈奴列傳正義

汾水源出嵐州靜樂縣北百三十里管涔山北東南流入并州即西南流入至絳州蒲州入河也史記河渠書正義

右靜樂

懷州

故郗城在懷州河內縣西三十二里左傳云蘇忿生七十二邑郗其一也史記秦本紀正義

故邘城在河內縣西北二十七里古邘國地也左傳云邘晉應韓武之穆也史記周本紀正義又項羽本紀正義

太行山在懷州河內縣北二十五里有羊腸坂史記夏本紀正義

汙水源出懷州河內縣北太行山史記項羽本紀正義

右河內

故懷城在懷州武陟縣西十一里史記夏本紀正義

右武陟

懷州武德縣本周司寇蘇忿生之州邑也史記韓世家正義

平皋故城本邢丘邑漢置平皋縣在懷州武德縣東南二十里

一作二十五里以上史記秦本紀正義又引以其在河之臯地也史記魏世家正義

右武德

山陽故城在懷州修武縣西北太行山東南史記秦始皇本紀正義

右修武

懷獲嘉縣即古之南陽杜預曰在晉州山南河北故曰南陽秦破芒卯軍斬首十五萬魏入南陽以和史記秦本紀正義

故懷城在懷州獲嘉縣東北二十五里獲嘉古修武也史記魏世家正義

右獲嘉

故軹城在懷州濟源縣東南十三里七國時魏邑史記秦本紀正義又呂后本紀正義

故原城在懷州濟源縣西北二里左傳云襄王以原賜晉文公

原不服文公伐原以示信原降以趙衰爲原大夫卽此也原本周畿內邑也史記趙世家正義
曲陽故城在懷州濟源縣西十里史記魏世家正義
右濟源
故鄧城在懷州河陽縣西三十一里六國時魏邑也史記秦本紀正義
高平故城在懷州河陽縣西四十里紀年云魏哀王改向曰高平也史記趙世家正義
南韓王故城在懷州河陽縣西北四十里俗謂之韓王城非也
秦時周桓王以與鄭紀年云鄭侯使辰歸晉陽向更名高平拔之則少曲當與高平相近史記范雎蔡澤列傳正義
右河陽
故溫城在懷州溫縣西三十里漢晉爲縣本周司寇蘇忿生之

邑左傳云周與鄭人蘇忿生十二邑温其一也地理志云温縣故國已姓蘇忿生所封也史記周本紀正義

右温

王屋山在懷州王屋縣北十里古今地名云山方七百里山高萬仞本冀州之河陽山也史記夏本紀正義

沇水出懷州王屋縣北十里王屋山頂崖下石泉停不流其深不測至縣西北二里平地其源重發而東南流爲汜水史記夏本紀正義

右王屋

括地志卷三終

括地志卷第四　　岱南閣叢書

賜進士及第分巡山東兗沂曹濟兼管驛傳水利黃河兵備道孫星衍輯

相州

相州安陽本盤庚所都即北冢殷墟南去朝歌城百四十六里史記殷本紀正義

安陽縣相州所理縣七國時魏寧新中邑秦昭王拔魏寧新中更名安陽城即今相州外城是也史記秦本紀正義項羽本紀正義

相州安陽縣西南五十里有九侯城亦名鬼侯城蓋殷時九侯城也史記殷本紀正義

濁漳水又東經葛公亭北經三戶峽爲三戶津在相州安陽縣界史記項羽本紀正義

右安陽

伯陽故城一名邯會城在相州鄴縣西五十五里七國時魏邑漢邯會城史記趙世家正義

按横渠首接漳水蓋西門豹史起所鑿之渠也溝洫志云魏文侯時西門豹爲鄴令有令名至文侯曾孫襄王與羣臣飲祝曰令吾爲臣皆非西門豹之爲人臣也史起進曰魏氏之行西也以百畝鄴獨二百畝是田惡也漳水在其傍西門不知用是不智知而不興是不仁仁智豹未之盡何足法也於是史起爲鄴令遂引漳水溉鄴以富漳魏之河名左思魏賦云西門溉其前史起灌其後也史記滑稽列傳正義

右鄴

故殷城在相州内黄縣東南十三里即河亶甲所築都之故名殷城也史記殷本紀正義

繁陽故城在相州內黃縣東北二十七里應劭云繁水之北故曰繁陽（史記趙世家正義）

右內黃

故戚城在相州洹（舊作澶非）水縣東三十里杜預云戚衛邑在頓丘縣西有戚城是也（史記趙世家正義）

右洹水

平陽故城在相州臨漳縣西二十五里又云平陽戰國時屬韓後屬趙（史記秦始皇本紀正義）

右臨漳

石城在相州林慮縣西南九十里疑相州石城是（史記趙世家正義）

右林慮

磁州

馬服山在磁州邯鄲縣西北十里也（史記趙世家正義）

右邯鄲

衛州

衛州城故老云周武王伐紂至於商郊牧野乃築此城酈元注水經云自朝歌南至淸水土地平衍據皋跨澤悉牧野也（史記周本紀正義）

汲縣今衛州城卽殷牧野之地周武王伐紂築也（史記殷本紀正義）

汲故城在衛州所理汲縣西南二十五里孟康云漢汲縣今郗城是也（史記秦本紀正義）

紂都朝歌在衛州東北七十三里朝歌故城是也本妹邑武丁始都之帝王世紀云帝乙復濟河北徙朝歌其子紂仍都焉（玉海）（通鑑地理通釋）

比干墓在衛州汲縣北十里二百五十步史記周本紀正義

比干見微子去箕子狂乃嘆曰王過不諫非忠也畏死不言非勇也過而諫不用則死忠之至也進諫不去者三日紂問何以自持比干曰修善行仁以義自持紂怒曰吾聞聖人心有竅信諸遂殺比干刳視其心也史記殷本紀正義

右汲

魏德故城一名晉鄙城在衛縣西北五十里即公子無忌矯奪晉鄙兵故名魏德城也史記魏世家正義

朝歌故城在衛州東北七十三里衛縣西二十三里謂之殷虛玉海詩地理攷

鹿臺在衛州衛縣西南二十二里史記殷本紀正義

酒池在衛州衛縣西二十三里太公六韜云紂爲酒池迴船糟

卬而牛飲者三千餘人爲輩史記殷本紀正義

右衛

延津故俗字名臨津故城在衛州清淇縣西南二十六里杜預云汲郡城南有延津是也史記魏世家正義

右清淇

大邳山今名黎陽東山又曰青壇山在衛州黎陽南七里史記夏本紀正義

右黎陽

魏州

陽狐郭在魏州元城縣東北三十里也史記魏世家正義一作三十二里田世家正義

右元城

觀澤故城在魏州頓邱縣東十八里也史記趙世家正義

陰安故城在魏州頓丘縣北六十里也史記外戚世家正義

原頓丘邑三字意增二國地時屬魏史記正義曰虛謂殷墟今相州所理是頓丘故城在魏州頓丘縣東北二十里史記蘇秦列傳正義

古頓丘

故黃城在魏州冠氏縣南十里以上田世家正義又引因黃溝爲名史記趙世家正義

右冠氏

平邑故城在魏州昌樂縣東北四十里也史記趙世家正義

右昌樂

洛州

武安故城在洛州武安縣西南六里六國時趙邑漢武安縣城也史記外戚世家正義

閼與山在洺州武安縣西南五十里以上趙奢距秦軍在此山
史記廉頗藺相如列傳正義

右武安

檀臺在洺州臨洺縣北三里史記趙世家正義

右臨洺

邢州

邢國故城在邢州外城內西南角玉海通鑑地理通釋

邢州城本漢襄國縣秦置三十六郡於此置信都縣屬鉅鹿郡項羽改曰襄國立張耳爲常山王理信都地理志云故邢侯國也帝王世紀云邢侯爲紂三公以忠諫被誅史記云周武王封周公旦之子爲邢侯左傳云凡蔣邢茅胙祭周公之胤也史記項羽本紀正義

右龍岡

邢州平鄉縣城本鉅鹿離圍趙王歇即此城史記秦始皇本紀正義

鉅鹿邢州平鄉縣城玉海通鑑地理通釋

沙丘臺在邢州平鄉縣東北二十里一作三十里又云四十里秦始皇本紀正義竹書紀年云自盤庚徙殷至紂之滅七百七十三年更不徙都紂時稍大其邑南距朝歌北據邯鄲及沙丘皆爲離宮別館史記殷本紀正義

濁漳水一名漳水今俗名柳河在邢州平鄉縣南注水經云漳水一名大漳水兼有浸水之目也史記項羽本紀正義

右平鄉

柏人故城在邢州柏人縣西北十二里漢柏人屬趙國史記高祖本紀正義

右柏人

貝州

清陽故城在貝州清縣西北八里也史記梁孝王世家正義

右清

東陽故城在貝州歷亭縣界史記趙世家正義

右歷亭

博州

故聊城在博州聊城縣西二十里春秋時齊之西界聊攝也戰國時亦爲齊地秦漢皆爲東郡之聊城也史記高祖本紀正義

右聊城

發干故城在博州堂邑縣西南二十三里史記外戚世家正義

右堂邑

冀州

扶柳故城在冀州信都縣西三十里澤中多柳故曰扶柳史記呂后本紀正義

昌城故城在冀州信都縣西北五里史記趙世家正義

辟陽故城在冀州信都縣西三十五里漢舊縣史記高祖本紀正義

右信都

觀津城在冀州棗陽縣東南二十五里史記魏世家正義

右棗陽唐志作棗强

竇少君墓在冀州武邑縣東南二十七里史記外戚世家正義

右武邑

行唐縣屬冀州爲南行唐築城史記趙世家正義

右行唐唐志無

德州

故鬲城在德州安德縣西北十五里盧縣今濟州理縣是也（史記曹相國世家正義）

右安德

故飾城在德州平原縣西南三十里本漢飾縣呂他邑也（史記呂后本紀正義）

平原故城在德州平原縣東南十里（史記曹相國世家正義）

右平原

故蓨城俗名南條城在德州蓨縣南十二里漢縣（史記絳侯周勃世家正義）

漢歷縣城在德州蓨縣西南四十六里（玉海通鑑地理通釋）

右蓨

瀛州

河間武垣縣（一云武垣故城）今瀛州城是也（已上趙世家正義又引）地理志云武

垣縣屬涿郡也史記曹相世家正義

右河間

故葛城一名依城又名西阿城在瀛州高陽縣西北五十里以徐兗二水並過其西又俱經其北曲曰阿以齊有東阿故曰西阿城地理志云瀛州屬河間趙分也史記趙世家正義

右高陽

衡漳水在瀛州東北百二十五里平舒縣界也史記夏本紀正義

右平舒

平曲縣故城在瀛州文安縣北七十里史記孝景帝本紀正義

武平亭今名渭城在瀛州文安縣北七十二里史記趙世家正義

右文安

滄州

故南皮城在滄州南皮縣北四里本漢南皮縣 以上外戚世家正義又引 城卽陳餘所封也 史記項羽本紀正義

茅焦滄州人也 史記秦始皇本紀正義

右南皮

燕留故城在滄州長蘆縣東北十七里卽齊桓公分溝割燕君所至地與燕燕因築此城故曰燕留 史記燕召伯世家正義

右長蘆

陽信故城在滄州無棣縣東南三十里漢陽信縣 史記孝文帝本紀正義

右無棣

富平故城在滄州陽信縣東南四十里漢縣也 史記滑稽列傳正義

右陽信

章武滄州魯城縣 史記外戚世家正義

右曾城

定州

上曲陽故城在定州曲陽縣西五里史記趙世家正義

右曲陽

野臺一名義臺在定州新樂縣西南六十一里史記趙世家正義

右新樂

定州唐縣堯後所封史記五帝本紀正義

中山故城一名中人亭在定州唐縣東北四十一里春秋時鮮虞國之中人邑也一云爾時屬燕國也史記趙世家正義

定州唐縣東北五十四里有孤山蓋都山也帝王世紀云望都堯母慶都所居張晏云堯山在北堯母慶都山在南相去五十里北登堯山南望慶都山也注水經云望都故城東有山不連

陵名之曰孤孤都聲相近疑卽都山孤山及望都故城三處相近史記秦始皇本紀正義

右唐

北岳有五别名一曰蘭臺府二曰列女宮三曰華陽臺四曰紫臺五曰太一宮按北岳恒山在定州恒陽縣西北百四十里道書福地記云恒山高三千三百丈上方二十里有大元之泉神草十九種可度俗史記夏本紀正義趙世家正義

定州恒陽縣西南四十里有白龍水又有挾龍山史記秦始皇本紀正義

上曲陽定州恒陽縣是下曲陽在定州鼓城縣西五里史記曹相國世家正義

恒山在定州恒陽縣西北百四十里周禮云并州鎭曰恒山史記封禪書正義

右恒陽

恒州

常山故城在恒州眞定縣南八里本漢東垣邑也史記呂后本紀正義

右眞定

宜安故城在恒州一作常山稾城縣西南二十五里也史記秦始皇本紀正義又趙世家正義

肥纍故城在恒州稾城縣西七里春秋時肥子國白狄別種也史記趙世家正義

右稾城

石邑故城在恒州鹿泉縣南三十五里六國時舊邑史記趙世家正義

封龍山一名飛龍山在恒州鹿泉縣南四十五里邑因山爲名史記趙世家正義

右鹿泉

番吾故城在恒州（一云鎮州）房山縣東二十里番蒲古今音異耳（史記趙世家正義蘇秦列傳正義又引）

右房山

幽州

昌平故城在幽州東南六十里也（史記齊悼惠王世家正義）

燕元英磨室二宮皆燕宮在幽州薊縣西四里寧臺之下（史記樂毅列傳正義）

歷室燕宮名也（史記樂毅列傳正義）

右薊

廣陽故城今在幽州良（當爲眞）鄉縣東北三十七里（史記五宗世家正義）

右良鄉

鳴澤在幽州范陽縣西十五里史記封禪書正義

右范陽

方城故城在幽州固安縣南十七里史記趙世家正義

臨鄉故城在幽州固安六十七里史記趙世家正義

右固安

幽州昌平縣本漢渾都縣史記絳侯周勃世家正義

右昌平

燕山幽州漁陽縣東南六十里國都城記云周武王封召公奭於燕地在燕山之野故國取名焉史記周本紀正義

幽州漁陽縣本北戎無終子國史記匈奴列傳正義

右漁陽

易縣故城在幽州歸義縣東南十五里燕桓侯所徙都臨易是

也史記絳侯周勃世家正義

右歸義

易州

易州二字意增一名故安河又名北易水源出易州易縣西谷中之東東南流過歸義縣東與滹沱河合趙惠文王五年與燕鄚易鄚今之鄚州易漢涿郡之故安也水經注易水經安次縣南鄚縣故城北東至文安縣與滹沱合蘇秦曰易水以南謂此水班固以爲南易玉海通鑑地理通釋

右易

易州永樂縣有徐水出廣昌嶺三源奇發同瀉一澗流至北平縣東南歷石門中俗謂之龍門水經其間奔激南出解石城并蓋汾字誤也遂城及永樂新城縣地也史記趙世家正義

右永樂

桑丘城在易州遂城縣界或云在泰山非也此時齊伐燕桑丘三晉皆來救之不得在泰山有桑丘縣此說甚誤也（史記趙世家正義）

易州遂城戰國時武遂城也（史記趙世家正義）

桑丘故城俗名敬城在易州遂城縣界也（史記田世家正義魏世家正義）

北新城故城在易州遂城縣西南二十里按遂城縣西南二十五里有龍山邢子勵趙記云龍山有四麓各有一穴大如車輪春風出東秋風出西夏風出南冬風出北不相奪倫蓋謂龍兌也（史記趙世家正義）

右遂城

嬀州

潘今嬀州城是也（史記五帝本紀正義）

上谷郡故城在嬀州懷戎縣東北百一十里燕上谷秦因不改漢爲沮陽縣史記絳侯周勃世家正義

釜山在嬀州懷戎縣北三里山上有舜廟史記五帝本紀正義

羙頡山在嬀州懷戎縣東南十五里史記楚元王世家正義

嬀州有嬀水源出城中耆舊傳云即舜釐降二女於嬀汭之所外城中有舜井城北有歷山山上有舜廟未詳史記五帝本紀正義

舜井在嬀州懷戎縣西外城中其西又有一井耆舊傳云並舜井也舜自中出帝王世紀云河東有舜井未詳史記五帝本紀正義

阪泉今名黃帝泉在嬀州懷戎縣東五十六里出五里至涿鹿東北與涿水合又有涿鹿故城在嬀州東南五十里本黃帝所都也晉太康地理志云涿鹿城東一里有阪泉上有黃帝祠史記五帝本紀正義

嬀州懷戎縣東北有馬蘭溪水史記絳侯周勃世家正義

右懷戎

檀州

故龔城在檀州燕樂縣界故老傳云舜流共工幽州居此城史記五帝本紀正義

右燕樂

漁陽故城在檀州密雲縣南十八里在漁水之陽也史記陳涉世家正義

右密雲

平州

孤竹故城一作古城在平州盧龍縣南十二里殷時諸侯孤竹國也

姓墨氏史記周本紀正義又封禪書正義節文

右盧龍

虢州

湖水源出虢州湖城縣南三十五里夸父山北流入湖卽鼎湖也史記封禪書正義又孝武本紀正義

右湖城

熊耳山在虢州盧氏縣南五十里洛所經史記夏本紀正義

伊水源出虢州盧氏縣東巒山東北流入洛史記夏本紀正義

右盧氏

陝州

焦城在陝州城內東北百步一云故焦城在陝州縣東北百步古虢城中東北隅周同姓也魏世家正義又引因焦水爲名周同姓所封左傳云虞虢焦滑霍陽韓魏皆姬姓也史記秦本紀正義

曲沃在陝州陝疑脫縣字西南三十里因曲沃水爲名史記秦本紀正義

曲沃故城在陝縣西三十二里按今有曲沃店也史記楚世家正義又魏世家正義

虢山在陝州陝縣西二里臨黃河今臨河有岡阜似是積山之餘也史記魏世家正義

陝原在陝縣西南二十五里分陝不因其城乃徙原爲界玉海地理引史記正義

右陝

底柱今脫此字山俗名三門山硤石縣東北五十里黃河之中史記夏本紀正義

右硤石

桃水在陝州桃林縣西至潼關皆爲桃林塞地山海經云夸父之山北有林焉名曰桃林廣闊三百里中多馬一云湖水出焉北流入河也史

記周本紀正義造父於此得驊騮騄耳之乘獻周穆王也史記趙世家正義

函谷關在陝州桃林縣西南十二里秦函谷關也圖記云西去長安四百餘里路在谷中故以爲名史記項羽本紀正義老莊申韓列傳正義

曹陽故亭一名好陽亭在陝州桃林縣東南十四里史記秦始皇本紀正義陳涉世家正義又引

右桃林

故虞城在陝州河北縣東北五十里虞山之上古虞國也故芮城縣西二十里古芮國也晉太康地記云虞西百四十里有芮城已上史記周本紀正義又引酈元注水經云幹橋東北有虞城堯以女嬪於虞之地也史記五帝本紀正義

大陽今陝州河北縣是亦屬河東郡也史記酷吏列傳正義

茅津及茅城在陝州河北縣西二十里注水經云茅亭茅戎號

史記秦本紀正義

茅津在陝州河北縣大陽縣也渡河自茅津南渡河也史記秦本紀正義

故鄍城在陝州河北縣東十里虞邑也杜預曰河東大陽有鄍城是也史記楚世家正義

廣城故城在陝州河北縣東北五十里虞山之上亦名吳山周武王封弟虞仲於周之北故夏墟吳城即此城也史記秦本紀正義

閒原在河北縣西六十五里詩云虞芮質厥成毛萇云虞芮之君相與爭田久而不平乃相謂曰西伯仁人盍往質焉乃相與朝周二國君相謂曰我等小人不可履君子之庭乃相讓所爭地以爲閒原至今尚在史記周本紀正義

盜跖冢在陝州河北縣西二十里河北縣本漢大陽縣也又今

齊州平陵縣有盜跖冢未詳史記伯夷列傳正義

右河北

薄山亦名衰山一名寸棘當爲卄棗一名渠山一名雷首一名獨頭一名首陽一名吳山一名條山在陜州芮城縣北十里此山西起雷山東至吳坂凡十名以州縣分之多在蒲州史記封禪書正義

右芮城

唐州

桐柏山在唐州東南五十里淮水出焉史記夏本紀正義

右桐柏

括地志卷四終

括地志卷第五

岱南閣叢書

賜進士及第分巡山東兗沂曹濟兼管驛傳水利黃河兵備道孫星衍輯

兗州

武城二字意增在兗州卽南城也輿地志云南武城縣魯武城邑子游爲宰者也在泰山郡史記仲尼弟子列傳正義

南武城在兗州子游爲宰者地理志云定襄有武城淸河有武城故此云南武城也史記仲尼弟子列傳正義

漢樊縣城在兗州瑕邱縣西南二十五里一云三十五里地理志云樊縣古樊國仲山甫所封也史記周本紀正義孝文本紀正義又引

右瑕邱

兗州曲阜縣外城卽周公旦子伯禽所築已上魯周公世家正義又引云魯公伯禽古魯城也史記周本紀正義

兗州曲阜縣奄里即奄國之地也史記周本紀正義

兗州曲阜縣魯城西南三里有闕里中有孔子宅宅中有廟伍緝之從征記云闕里背洙面泗即此也史記孔子世家正義

女陵山在兗州曲阜縣南二十八里干寶三日紀云徵在生孔子空桑之地今名空竇在魯南山之空竇中無水當祭時灑掃以告輒有清泉自石門出足以周用祭訖泉枯今俗名女陵山史記孔子世家正義

防山在兗州曲阜縣東二十五里禮記云孔子母合葬於防也史記孔子世家正義

五父衢在兗州曲阜縣西南二里魯城內衢道也史記孔子世家正義

鬬雞臺二所相去十五步在兗州曲阜縣東南三里魯城中左傳昭公二十五年季氏與郈昭伯鬬雞季氏芥雞翼郈氏爲金

距之處（史記孔子世家正義）

矍相圃在兗州曲阜縣南三十里禮記云孔子射於矍相之圃觀者如堵（史記田叔列傳正義）

泮宮在兗州曲阜縣西南二百里（百字疑衍）魯城內宮之內鄭云泮之言半也其制半於天子之璧雍（史記儒林列傳正義）

漢封夫子十二代孫忠爲褒城矦生光爲丞相封矦平帝封孔霸孫莽二千戶爲褒城矦後漢封十七代孫志爲褒城矦魏封二十二代孫羨爲崇聖矦晉封二十三代孫震爲奉聖亭矦後魏封二十七代孫爲崇聖大夫孝文帝又封三十一代孫珍爲崇聖矦高齊改封珍爲恭聖矦周武帝改封鄒國公隋文帝仍舊封鄒國公煬帝改爲紹聖矦皇唐給復二千戶封孔子裔孫孔德倫爲褒聖矦也（史記孔子世家正義）

胡陵徐州魯兗州曲阜縣也地理志云胡陵在山陽縣屬也 史記項羽本紀正義

右曲阜

嶧山在兗州鄒縣南二十二里鄒山記云鄒山古之嶧山言絡繹相連屬也今猶多桐樹 史記夏本紀正義

右鄒

兗州博城本漢博城縣城 史記呂后本紀正義

魯陽關故城在兗州博城縣南二十九里西臨汶水也 史記田世家正義

泰山一曰岱宗東岳也在兗州博城縣西北三十里周禮云兗州鎮曰岱宗 史記封禪書正義

云云山在兗州博城縣西南三十里也 史記封禪書正義

亭亭山在兗州博城縣西南三十里也史記封禪書正義

艾山在兗州博城縣南百六十里本齊博邑史記伍子胥列傳正義

右博城

故郕城在兗州泗水縣西北五十里說文云郕魯孟邑是也史記田世家正義

姑蔑故城在兗州泗水縣東四十五里按泗水縣本漢卞縣地史記孔子世家正義

故鄒城在兗州泗水縣東南六十里史記孔子世家正義

梁地山在兗州泗水縣北八十里史記封禪書正義

昌平山在泗水縣南六十里孔子生昌平鄉蓋此下舊多鄉字取山爲名史記孔子世家正義

泗水源在兗州泗水縣東陪尾山其源有四道因以爲名又云至

彭城呂梁出石磬 史記夏本紀正義

故闕里在泗水縣南五十里輿地志云鄒城西界闕里有尼邱山按今尼邱山在兖州鄒城闕里卽此也 史記孔子世家正義

叔梁紇廟亦名尼邱山祠在兖州泗水縣五十里尼邱山東趾地理志云魯縣有尼邱山有叔梁紇廟 史記孔子世家正義

右泗水

亢父縣也沛公屯軍於此也 史記高祖本紀正義

亢父故城在兖州任城縣南五十一里 史記項羽本紀正義及曹相國世家正義

右任城

故剛城在兖州龔邱縣界 史記秦本紀正義

右龔邱

東緡故城漢縣也在兖州金鄉縣界 史記絳侯周勃世家正義

右金鄉

陳州

陳州宛邱縣在陳城中卽古陳國也帝舜後遏父爲周武王陶正武王賴其器用封其子嬀滿於陳都宛邱之側史記周本紀正義

長平故城在陳州宛邱縣西六十六里史記秦始皇本紀正義

固陵縣名也在陳州宛邱縣西北四十二里史記項羽本紀正義又荆燕世家正義縣名也作陵名二字

右宛邱

陳州太康縣本漢陽夏縣也續漢書郡國志云陽夏縣屬陳國

按太康縣城夏后太康所築隋改陽夏爲太康史記項羽本紀正義又陳涉世家正義引上二句

右太康

陳州南頓縣故頓子國應邵云古頓子國姬姓也逼於陳後南徙故曰南頓史記楚世家正義疑引括地志

潁陰故城在陳州南頓縣西北史記絳侯周勃世家正義

右南頓

今陳州項城縣城卽古項子國史記項羽本紀正義

右項城

潁州

下蔡縣屬汝南也今潁州縣卽州萊國史記樗甘列傳正義

右下蔡

徐州

徐州彭城縣古相國也史記項羽本紀正義

彭城古彭祖國也外傳云殷末滅彭祖國也虞翻云名翦神仙

傳云彭祖諱鏗帝顓頊之元孫至殷末年已七百六十七歲而不衰老遂往流沙之西非壽終也史記楚世家正義

右彭城

徐州蕭縣古蕭叔之國春秋時爲宋附庸帝王世紀云周封子姓之別爲附庸也史記項羽本紀正義

右蕭

斬蛇溝源出徐州豐縣中平地故老云高祖斬蛇處至縣西五十里入泡水也史記高祖本紀正義

右豐

徐州沛縣古城也史記呂后本紀正義

栗屬沛郡也史記絳侯周勃世家正義

故留城在徐州沛縣東南五十里即張良所封處今城內有張

良廟也漢書云良字子房按王符皇甫謐並以良爲韓之公族姬姓也秦索賊急乃改姓名而韓先有張去疾及張譴恐非良之先代也良旣歷代相韓故知其先韓人顧氏按後漢書云張良出於城父城父縣屬潁川也 史記留侯世家正義

沛宮故地在徐州沛縣東南二十里一步 史記高祖本紀正義

泗水亭在徐州沛縣東一百步有高祖廟也 史記高祖本紀正義

漢張良墓在徐州沛縣東六十五里與留城相近也 史記留侯世家正義

右沛

徐州滕縣漢蕃縣音翻漢末陳蕃子逸爲魯相改音皮 史記太史公自序正義

故薛城古薛侯國也在徐州滕國縣界黃帝之所封地理志云薛縣屬魯國 史記項羽本紀正義又平津侯列傳正義節文

郎亭在徐州滕縣西五十三里史記孔子世家正義

孟嘗君墓在徐州滕縣[redacted]五十二里卒在齊襄王之時也史記孟嘗君列傳正義

右滕

徐州符離縣城漢竹邑城也李奇云今竹邑也史記曹相國世家正義

故相城在符一作扶離縣西北九十里輿地志云宋共公自睢陽徙相子城又還睢陽史記高祖本紀正義又曹相國世家正義

靈壁故城在徐州符離縣西北九十里睢水首受浚儀縣莨蕩水東經取慮入泗過郡西行千二百六十里史記項羽本紀正義

右符離

滑州

滑州故城古南燕國應劭云南燕姞姓之國黃帝之後史記秦本紀正

義

黎陽一名白馬津在滑州白馬縣北三十里帝王世紀云白馬縣南有韋城故豕韋國也續漢書郡國志云白馬縣有韋城史記曹相國世家正義荆燕世家正義又引

金隄一名千里隄在白馬縣東五里史記河渠書正義

右白馬

故鉏城在滑州衛當作韋城縣東十里晉地記云河東有窮谷蓋本有窮氏所遷也史記夏本紀正義

故子城在滑州華城當為滑州韋城縣東北八十里蓋子姓之別邑史記殷本紀正義

右韋城

鐵州在滑州衛南縣東南十五里史記鄭世家正義

白馬故城在滑州衛南縣西南二十四里戴延之西征記云白馬城故衛之漕邑史記高祖本紀正義

楚邱滑州衛南縣玉海通鑑地理通釋

右衛南

南燕城古燕國也滑州胙城縣是也史記秦始皇本紀正義

桃侯故城在滑州胙城縣東四十里漢書云高祖十二年封劉襄爲桃侯也史記項羽本紀正義

右胙城

延津在滑州靈昌縣東七里注水經云黃河水至此謂之延津昔澹臺子羽齎千金之璧渡河陽侯波起兩蛟夾舟子羽曰吾可以義求不可以威刼操劍斬蛟蛟死乃投璧於河三投而輒躍出乃毁璧而去亦無怪意卽此津也史記仲尼弟子列傳正義

右靈昌

酸棗故城在滑州酸棗縣北十五里古酸棗縣南史記秦始皇本紀正義

右酸棗

故鶴城在滑州匡城縣西南十五里左傳云衛懿公好鶴有乘軒者狄伐衛公欲戰國人受甲者皆曰使鶴鶴實有祿位余焉能戰俗傳懿公養鶴於此城因名也史記衛康叔世家正義

故蒲城在滑州匡城縣北十五里匡城本漢長垣縣史記孔子世家正義

右匡城

泗州

大徐城在泗州徐城縣北三十里古徐國也黥布列傳正義云四十里已上趙世家正義又引一丁有云郎淮夷也周本紀正義又引博物志云徐君宮人有娠而生卵以爲不祥棄於水濱孤獨母有犬鵠蒼銜所棄以歸覆煖之乃成

小兒生偃故宮人聞之更取養之及長襲爲徐君後鵠蒼臨死生角而九尾化爲黃龍鵠蒼或名后蒼史記秦本紀正義

泗州徐城縣北今徐城鎮在泗之臨淮鎮北三十里有故徐城號大徐城周十一里中有偃王廟徐君墓去徐州僅五百□郡國志曰薄薄城路史國名紀

徐君廟在泗州徐城縣西南一里卽延陵季子掛劍之徐君也史記吳太伯世家正義

右徐城

相故城在泗州宣預縣西北七十里秦縣史記項羽本紀正義

右宣預

豫州

安城故城在豫州汝陽舊作陵誤縣東南十七里史記秦本紀正義又魏世家正義作

七十一里

宜春故城在豫州汝陽縣西六十七里史記外戚世家正義

古城在豫州北七十里史記秦本紀正義

右汝陽

吳房縣本漢舊縣在州西北九十里史記吳太伯世家正義　孟康云吳王闔廬弟夫概奔楚封於此爲唐谿氏本房子國以封吳故曰吳房史記項羽本紀正義

右吳房

西平縣在豫州西北百四十里有龍淵水也史記孟子荀卿列傳正義

右西平

安陽故城在豫州新息縣西南八十里應劭曰古江國也地理志亦云安陽古江國也史記五帝本紀正義

右新息

新陽故城在豫州眞陽縣西南四十二里漢新陽縣城應劭云在新水之陽也（史記陳涉世家正義）

右眞陽

豫州北七十里上蔡縣古蔡國（玉海引有外城二字）縣西南十里有故蔡城（路史國名紀）武王封弟叔度於蔡是也縣東十里有蔡岡因名也（史記周本紀正義）

蔡陽今豫州上蔡水之陽（史記秦本紀正義）

南利故城在豫州上蔡縣東八十五里（史記三王世家正義）

楚武王墓在（五字意增）上蔡縣東北五十里（史記楚世家正義）

右上蔡

褒信本漢鄎縣之地後漢分鄎置褒信縣在今褒信縣東七十

七里（史記楚世家正義）

白亭在豫州褒信東南三十二里（史記楚世家正義）又有白公故城又許州扶溝縣北四十五里又有白亭也（史記伍子胥列傳正義）

右褒信

故鄧城在豫州郾城縣東三十五里（史記楚世家正義）

堂谿故城在豫州郾城縣西八十五里也（史記楚世家正義引此作地理志疑當爲括地志之誤）

故胡城在豫州郾城縣界（史記楚世家正義）

故郾城在豫州郾城縣南五里與褒信白亭相近（史記伍子胥列傳正義）

召陵故城在豫州郾（一作郊）城縣東四十五里（史記封禪書正義）秦紀惠王四年代楚取召陵（玉海通鑑地理通釋）

右郾城

亳州

城父亳州所理縣史記秦始皇本紀正義

右城父

苦縣在亳州谷陽縣界有老子宅及廟廟中有九井尚存在今亳州眞源縣也史記老莊申韓列傳正義

石谷陽

密州

東武縣今密州諸城縣是也史記仲尼弟子列傳正義

瑯邪山在密州諸城縣東南百四十里始皇立層臺於山上謂之瑯邪臺孤立衆山之上秦王樂之留三月立石山上頌秦德也史記秦始皇本紀正義

密州諸城縣東南百七十里有瑯邪臺越王勾踐觀臺也臺西

北十里有琅邪故吳春秋云越王勾踐二十五年徙都琅邪立觀臺以望東海遂號令秦晉齊楚以尊輔周室歃血盟卽勾踐起臺處史記秦始皇本紀正義

右諸城

密州莒縣故國也史記楚世家正義

密州莒縣故莒子國地理志云周武王封少昊之後嬴姓於莒始都計斤春秋時徙都莒也史記楚世家正義

密州莒縣山濰水所出史記夏本紀正義

史記趙成侯七年侵齊至長城云所侵處在密州南三十里也史記趙世家正義

右莒

郚城在密州安邱縣界史記秦始皇本紀正義

淳于國名在密州安邱縣東北三十里一云二十里古之州國周武王封淳于國以上仲尼弟子列傳正義又引古之斟灌國也春秋公如曹傳云冬淳于公如曹注水經云淳于縣故夏后氏之斟灌國也周武王以封淳于公號淳于國也史記扁鵲倉公列傳正義

右安邱

高密故城在密州高密縣西南四十里史記三王世家正義

右高密

即墨故城在密州膠水縣東南六十里即膠東國也史記孝景帝本紀正義

右膠水案唐志屬萊州密州但有膠西

青州

青州即北海郡也史記田世家正義

青州臨菑縣也即古臨菑地也一名齊城古營邱之地所封齊之都也少昊時有爽鳩氏虞夏時有季萴殷時有逢伯陵殷末有薄姑氏爲諸侯國此地後太公封方五百里史記項羽本紀正義

安平城在青州臨淄縣東十九里史記田世家正義又引古紀之酅邑帝王世紀云周之紀國姜姓也紀侯譖齊哀公於周懿王王烹之外傳曰紀侯入爲周士竹書云齊襄公滅紀郱鄑郚史記秦始皇本紀正義

戟里城在臨淄西北三十里春秋時棘邑又云澅邑蠋所居即此邑因澅水爲名也史記田單列傳正義

齊城章華之東有閭門武鹿門也史記田世家正義

青州臨淄縣有葵邱即傳連稱管至父所戍處史記秦本紀正義

渠邱邱名也在青州臨淄縣西北二十五里也史記楚世家正義

營邱在青州臨淄北百步外城中以上史記齊太公世家正義又引水經注臨淄縣城中有邱淄水出其前經其右故有營邱之名玉海通鑑地理通釋

天齊池在青州臨淄縣東南十五里封禪書云齊之所以爲齊者以天齊也史記齊太公世家正義

齊桓公墓在臨淄縣南二十一里牛山上亦名鼎足山一名牛首堈一所二墳晉永嘉末人發之初得版次得水銀池有氣不得入經數日乃牽犬入中得金蠶數十簿珠襦玉匣繒綵軍器不可勝數又以人殉葬骸骨狼籍也史記齊太公世家正義

管仲冢在青州臨淄縣南二十一里牛山之阿史記齊太公世家正義云牛山上與桓公冢連

說苑云齊桓公使管仲治國管仲對曰賤不能臨貴桓公以爲上卿而國不治曰何故管仲對曰貧不能使富桓公賜之齊市租而國不治桓公曰何故對曰疏不能制近桓公立以

爲仲父齊國大安而遂霸天下孔子曰管仲之賢而不能得此三權者亦不能使其君南面而稱伯史記管仲列傳正義

隰朋墓在青州臨淄縣東北七里也史記齊太公世家正義

齊晏嬰冢在齊子城北門外晏子云吾生近市死豈易吾志乃葬故宅後人名曰清節里史記管晏列傳正義

右臨淄

劇菑州縣也故劇城在青州壽光縣南三十一里以上十四字平津侯列傳正義又引故紀國史記孝景帝本紀正義

斟灌故城在青州壽光縣東五十四里史記夏本紀正義

右壽光

柏寢臺在青州千乘縣東北二十一里韓子云景公與晏子游於少海登柏寢之臺而望其國公曰美哉堂乎後代孰將有此

晏子曰其田氏乎公曰寡人有國而田氏家奈何對曰尊之則近賢遠不肖治其煩亂輕其刑罰服窮乏恤孤寡行恩惠崇節儉雖十田氏其如堂何即此也史記封禪書正義文景帝本紀正義

右千乘

丸山即丹山在青州臨朐縣界朱虛故縣西北二十里丹水出焉史記五帝本紀正義

郱城在青州臨朐縣東三十里史記秦始皇本紀正義

朱虛故城在青州臨朐縣東六十里十三州志云丹朱遊故虛故云朱虛史記呂后本紀正義

右臨朐

斟尋故城今青州北海縣是也史記夏本紀正義

鄑城在北海縣東北七十里史記秦始皇本紀正義

營陵故城在青州北海縣南三十里史記荆燕世家正義

公孫宏墓在青州北會當爲海縣西二十里也史記平津侯列傳正義

右北海

薄姑故城在青州博昌縣東北六十里薄姑氏殷諸侯封於此，周滅之也史記周本紀正義

右博昌

濟州

營城二字意增隋開皇十六年改置營城縣大業二年省唐武德二年置營城屬潭州八年省入平陵縣其城在平城太平寰宇記齊州歷城縣十九卷

右歷城

長城西北起濟州平陰縣緣河歷太山北岡上經濟州淄川郎

西南兗州博城縣北東至密州瑯邪臺入海蘇代記云齊有長城巨防足以爲塞也（史記楚世家正義）

故鞍城今俗名馬鞍城在濟州平陰縣十里（史記韓世家正義）

陶山在濟（舊作齊）州平陰（舊作陽）縣東三十五里（一云三十里）止此山之陽也今山南五里猶有朱公冢（一作陶公冢有云朱止於陶山之陽史記越王勾踐世家正義）又貨殖列傳正義

右平陰

東阿故城在濟州東阿縣西南二十五里漢東阿縣城秦時齊之阿也（史記項羽本紀正義）

穀城故城在濟州東阿縣東二十六里（一云穀在濟州東阿縣東二十一里楚世家正義引）又雎陽宋州也自宋州以北至濟州穀城際黃河盡與相國彭越（史記項羽本紀正義）

穀城山一名黃山在濟州東阿縣東濟州故濟北郡孔文祥云

黃石公鬚眉皆白杖丹黎履赤舄 史記留侯世家正義

項羽墓在濟州東阿縣東二十七里穀城西三里述征記項羽

墓在穀城西北三里半許毀壞有碣石項王之墓 史記項羽本紀正義

右東阿

禹城在山茌縣北後魏移于濟北此城是也 太平寰宇記齊州禹城縣十九卷

右禹城

濮州

故堯城在濮州鄄城縣東北十五里 史記五帝本紀正義

陶丘在濮州鄄城縣西南二十四里又云在曹州城中徐才宗

國都記云此城中高丘即古之陶丘 史記夏本紀正義

右鄄城

濮州雷澤縣本漢郕陽已上五帝本紀正義齊悼惠王世家正義又引一作城陽在州東九十一里地理志云城陽屬濟陰郡本漢郕伯國引作本漢郕陽縣古郕伯姬姓之國是姬姓之國史記周武王封季弟載于郕其後遷于城之陽故曰城陽史記項羽本紀正義又秦本紀正義引節文

姚墟在濮州雷澤縣東十三里孝經援神契云舜生於姚墟卽東郡也史記五帝本紀正義又秦始皇本紀正義又玉海通鑑地理通釋引云濮州雷澤縣有歷山舜井又有姚墟云生舜處也又引上十四字同此

雷夏澤在濮州雷澤縣郭外西北雍沮二水在雷澤西北平地也山海經云雷澤有雷神龍首人類鼓其腹則雷也史記五帝本紀正義二引

堯陵在濮州雷澤縣西三百里郭脫緣字生述征記云城陽縣東有堯冢亦曰堯陵有碑是也史記五帝本紀正義

右雷澤

濮陽縣在濮州西八十六里濮縣也古吳之國別攻城陽屠之西破秦軍濮陽縣也史記項羽本紀正義

濮陽縣古昆吾國也昆吾故城在縣西三十里臺在縣西百步玉海詩地理攷又引有云在顓帝城內周廻五十步高二丈即昆吾墟也史記楚世家正義

濮。陽縣有故龍淵宮俗名瓠子宮漢書云河決瓠子漢武起宮于決水之旁又濮陽縣西南八里有赤龍渦有決口故道蓋古之龍淵宮也非桀宮之所太平寰宇記魏州濮陽縣引坤元錄

故龍泉宮俗名瓠子宮在濮州濮陽縣北十里州西北九十里元光中河決瓠子塞決河之傍龍泉之側因以爲名玉海宮室又地理有云亦宣房宮

右濮陽

萊州

故過鄉亭在萊州掖縣西北二十里本過國地（史記夏本紀正義）過猗姓國是也（路史疏仡紀引）

右掖

黄縣故城在萊州城以東南二十五里古萊子國也牟平縣城在黄縣南百三十里十三州志云牟平縣古腄縣也（史記秦始皇本紀正義）

右黄

壯武故城在萊州即墨縣西六十里古萊夷國（史記孝文帝本紀正義）

右即墨

即墨故城在萊州膠水縣南六十里古齊地本漢舊縣（史記項羽本紀正義）

右膠水

之罘山在萊州文登縣東北百八十里（史記司馬相如列傳正義又封禪書正義引作西北九十里）

之罘山在海中文登縣古腄縣也（史記秦始皇本紀正義）

成山在萊州文登縣西北百九十里（史記秦始皇本紀正義又司馬相如列傳正義引作東北百八十里）

右文登

括地志卷五終

括地志卷第六

賜進士及第分巡山東兗沂曹濟兼管黃河兵備道孫星衍輯

淄州

故昌城在淄州淄川縣東北四十里也史記趙世家正義

淄州淄川縣東北七十里原山淄水所出俗傳云禹理水功畢土石黑數里之中波若漆故謂之淄水也史記夏本紀正義

右淄川

濟南故城在淄州長山縣西北三十五里一作二十里史記孝景本紀正義又齊悼惠王世家正義

西苑故城在淄州長山一作川縣北四里史記齊悼惠王世家正義

右長山

宋州

宋州宋城縣在州南二里外城中本漢之睢陽縣也漢文帝封子武於大梁以其卑濕徙睢陽故改曰梁也史記梁孝王世家正義

宋州外城本漢睢陽縣也地理志云睢陽縣故宋國也史記項羽本紀正義

宋州本秦碭郡史記高祖本紀正義

商邱今宋州也史記夏本紀正義

宋州城古閼伯之墟即商邱也又云羿所封之地史記殷本紀正義

羿五歲父母與之入山處之木下以待蟬鳴還欲取之而群蟬俱鳴遂捐而去羿為山間所養年二十習於弓矢仰天歎曰我將射四方矢至吾門止因捍即射矢摩地截草徑至羿之門乃隨矢去路史疏仡紀引

新城故城在宋州宋城縣界史記田世家正義

故横城在宋州宋城縣西南三十里按蔽横陽也史記傅靳蒯成列傳正義

宋州北五十里大蒙城爲景亳湯所盟地因景山爲名史記殷本紀正義

苑園在宋州宋城縣東南十里葛洪西京雜記云梁孝王苑中有落猿巖栖龍岫雁池鶴洲鳧島諸宫觀相連奇果佳樹瑰禽異獸靡不畢備俗人言梁孝王竹園也史記梁孝王世家正義

右宋城

碭在宋州東一百五十里史記高祖本紀正義

宋州碭山縣在州東一百五十里本漢碭陽縣也史記高祖本紀正義又項羽本紀正義無陽字

宋州碭山縣本下邑縣也在宋州東一百五十里按今下邑在宋州東一百一十里史記項羽本紀正義

狐父亭在宋州碭山縣東南三十里史記曹相國世家正義

右碭山

宋州虞城大襄國所封之邑一云舜後所封也杜預曰舜後諸侯也史記五帝本紀正義二引

虞國舜後所封邑也或曰封舜子均於商故號商均也史記五帝本紀正義

宋州虞城縣舜後所封外紀本處虞之嬀汭號曰有虞氏史記五帝本紀正義

右虞城

宋州穀熟縣西南三十五里南亳故城卽南亳湯都也宋州北五十里大蒙城爲景亳湯所盟地因景山爲名河南偃師爲西亳帝嚳及湯所都盤庚亦徙都之史記殷本紀正義

右穀熟

故祁城在宋州下邑縣東北四十九里漢祁城縣也史記曹相國世家正義

右下邑

宋州寧陵縣城古甯陵城也史記陳涉世家正義

太棘故城在宋州寧陵縣西七十里州即梁棘壁史記梁孝王世家正義

右寧陵

鄆州

壽鄆州之縣史記秦本紀正義

梁山在鄆州壽張縣南三十五里史記梁孝王世家正義

右壽張

鉅野二字意增鄆州鉅野縣東北大澤是史記河渠書正義

獲麟堆在鄆州鉅野縣東十二里春秋哀公十四年經云西狩獲麟國都城記云鉅野故城東十里澤中有土臺廣輪四五十步俗云獲麟堆去魯城可三百餘里史記孔子世家正義

右鉅野

郈亭在鄆州宿城縣東三十二里史記孔子世家正義又仲尼弟子列傳正義引微異

右宿城一誤作宿

許州

南國二字意增周時爲許國武王伐紂所封地理志云潁川許縣古許國姜姓四岳之後文叔所封二十四君爲楚所滅三卿背晉其地屬韓史記魏世家正義

長社故城在許州長社縣西一里史記秦本紀正義

岸門在許州長社縣西北二十八里一云十八里今名西武亭史記秦本

紀正義又魏世家正義

右長社

長葛故城在許州長葛縣北十二里鄭之葛邑也史記田世家正義

右長葛

許州許昌縣本漢許縣地理志云許縣故國姜姓四岳之後大叔所封二十四君爲楚所滅漢以爲縣魏文帝即位改許曰許昌也史記陳涉世家正義

故魯城在許州許昌縣南四十里本魯朝宿邑史記田世家正義

許田玉海引有在字許州許昌縣南四十里有魯城周公廟在城玉海引作其中史記周本紀正義玉海詩地理攷

許故城在許州許昌縣南三十里本漢許縣故許國也史記夏本紀正義

右許昌

許州襄城縣卽古新城縣也史記秦本紀正義

故汜城在許州襄城縣南一里左傳云天王出居于鄭處于汜是史記周本紀正義

有汜水在濟陰路史國名紀引

不羹故城在許州襄城縣東三十里地理志云此乃西不羹者也史記楚世家正義

右襄城

城父故城在許州葉縣東北四十五里卽杜預云襄城城父縣也又汝州郟城縣東四十里亦有父城故城一所服虔云城父楚北境乃是父城之名非建所守杜預云言成父又誤也傳及酈元水經注云楚大城城父使太子建居之卽十三州志云太子建所居城父謂今亳州城父縣也史記楚世家正義

葉陽今許州葉縣也昆陽故城在葉縣北二十五里（史記魏世家正義）

舞陽故城在葉縣東十里（史記魏世家正義）

黄城山俗名菜山在許州葉縣西南二十五里聖賢冢墓記云黄城山即長沮桀溺所耕處下有東流則子路問津處也（史記孔子世家正義）

右葉

陽陵故城在許州陽陵縣西北十五里李奇云六國時爲安陵也（史記魏世家正義又田世家正義）

右陽陵

曹州

曹有曹南因名曹（王應麟詩地理攷）

曹州濟陰縣即古定陶也東有三鬷亭是也（史記殷本紀正義）

故貫城即古貫國故貫今名蒙澤城在曹州濟陰縣南九十六里也（史記田世家正義）

曹州武城有重邱故城今在濟陰東北三十一（疑脫里字詒孫云亦曰廩城子）

蔪飲馬重邱遂伐曹取重邱者與德之重邱異（路史國名紀）

菏澤在曹州濟陰縣東北九十里定陶城東今名龍池亦名九鄉陂（史記夏本紀正義）

高祖即位壇在曹州濟陰縣界張晏曰氾水在濟陰界取其氾愛宏大而潤下（史記高祖本紀正義）

溥城北郭東三里平地有湯冢按在蒙即北亳也又云洛州偃師縣東六里有湯冢近桐宮蓋此是也（史記殷本紀正義）

曹州濟陰縣（舊本誤作濟陽）東南三里有陶朱公冢文云在南郡華容縣西未詳也（史記貨殖列傳正義）

右濟陰

漆園故城在曹州冤句縣北十七里史記老莊申韓列傳正義

文臺在曹州冤句縣西北六十五里也史記魏世家正義

右冤句

故桂城在曹州乘氏縣東北二十一里故老云此即桂陵也史記趙世家正義

陽晉故城在曹州乘氏縣西北三十七里史記田世家正義

右乘氏

昌邑在曹州成武縣東北三十二里有梁丘故城是也史記高祖本紀正義又楚元王世家正義

右成武

濮水在曹州離狐縣界即師延投處也史記樂書正義

右離狐

葵丘在曹州考城縣東南一里一百五十步郭内即桓公所會處也史記秦本紀正義又封禪書正義

右考城

沂州

瑯邪沂州也史記田敬仲完世家正義

沂州臨沂縣有漢戚縣故城地理志云臨沂縣屬東海郡史記高祖本紀正義

羽山在沂州臨沂縣界史記五帝本紀正義

蒙山二字意增在沂州臨沂縣玉海詩地理攷

右臨沂

祊田在沂州費縣東南史記周本紀正義

右費

繒縣在沂州承縣古侯國禹後 史記周本紀正義

漢建陵縣故城在沂州承縣界 史記孝景帝本紀正義萬石張叔列傳正義又引

鍾離故城在沂州承縣界 史記齊太公世家正義

故鄫城在沂州承縣地理志云鄫縣屬東海縣也 史記孔子世家正義

右承

洛州

洛陽故城在洛州洛陽縣東北 一作東 二十六里周公所築即成周城也 劉敬叔孫通列傳正義又引 輿地志云以周地在王城東故曰東周敬王避子朝亂自洛邑東居此以其迫阨不受王都故壞翟泉而廣之 已上史記周本紀正義又引 又云成周之地秦莊襄王以爲洛陽縣三川守理之後漢都洛陽改爲雒漢以火德忌水故去洛旁水

而加佳魏於行次爲土土水之忌也水得土而流土得水而柔故除佳以加水〔已上史記項羽本紀正義又引〕尚書曰成周既成遷殷頑民帝王世紀云居郟鄏之衆按劉敬說周之美豈言居頑民之所以此而論漢書非也〔史記劉敬叔孫通列傳正義〕

洛〔今本作枏〕州洛陽縣西南五十里有九矦城亦名鬼矦城蓋殷時九矦城也〔史記殷本紀正義〕

平陰故津在洛州洛陽縣東北五十里〔史記曹相國世家正義〕

南宮在雒陽縣東北二十六里洛陽故城中輿地志云秦時已有南北宮〔史記高祖本紀正義〕

右洛陽

故王城一名河南城本郟鄏周公所築在洛州河南縣北〔一作南〕九里苑內〔一作中〕東北隅〔一下云帝王世紀云武王伐紂營洛邑而定鼎焉按此即營郟城也書云乃營

成周已上劉敬叔孫通列傳正義又引自平王以下十二王皆都此城至敬王乃遷都成周至赧王又居王城也帝王世紀云王城西有郟鄏陌左傳云成王定鼎於郟鄏京相璠地名云郟山名鄏邑名史記周本紀正義

故甘城在洛州河南縣西南二十五里左傳云甘昭公王子叔帶也洛陽記云河南縣西南二十五里有水出焉北流入洛山上有甘城即甘公采邑也史記周本紀正義

故穀城在洛州河南縣西北十八里苑中河陰縣城本漢平陰縣在洛州洛陽縣東北五十里十三州志云在平津大河之南也魏文帝改曰河陰史記周本紀正義

伊闕在洛州南十九里注水經云昔大禹疏龍門以通水兩山相對望之若闕伊水歷其間故謂之伊闕史記秦本紀正義

伊門闕當作山在洛州南十九里史記楚世家正義

太行恒山連延東北接碣石接嶽山言北望太行恒山之邊鄙都邑也又晉州霍山一名太岳在洛西北山在洛東北史記周本紀正義

蒯亭在河南西十四里苑中輿地志云蒯成縣故陳倉縣之故鄉聚名也周緤所封也晉武帝咸寧四年分陳倉立蒯成縣屬始平郡也史記傅靳蒯成列傳正義

河南縣西四十疑脫里字有蒯亭縣今有蒯鄉路史國名紀

右河南

亳邑故城在洛州偃師縣西十四里本帝嚳之墟商湯之都也史記殷本紀正義

平縣故城在洛州偃師縣西北二十五里玉海通鑑地理通釋

尸鄉亭在洛州偃師縣在洛州東南也史記曹相國世家正義

盟津周武王伐紂與八百諸侯會盟津亦曰孟津又曰富平津水經云小平津今云河陽津是也史記夏本紀正義

薄城北郭東三里平地有湯冢按在蒙即北薄也又云洛州偃師縣東六里有湯冢近桐宮蓋此是也史記殷本紀正義

伊尹墓在洛州偃師縣西北八里又云宋州楚丘縣西北十五里有伊尹墓恐非也史記殷本紀正義

右偃師

劉累故城在洛州緱氏縣南五十五里乃劉累之故地也史記夏本紀正義

緱氏故城本費城也在洛州緱氏縣東南二十五里史記周本紀正義

滑伯國也史記秦本紀正義

洛州嵩縣本夏之綸國也在緱氏縣東南六十里地理志云綸氏屬潁川郡史記白起王翦列傳正義

轘轅故關在洛州緱氏縣東南四十里十三州志云轘轅道凡十二曲是險道史記曹相國世家正義

右緱氏

故鄩城在洛州鞏縣西南五十八里蓋桀所居也陽翟縣又是禹所封爲夏伯史記夏本紀正義

史記周顯王二年西周惠公封少子子班於鞏爲東周其子武公爲秦所滅郭緣生述征記云鞏縣本周鞏伯邑史記趙世家正義

温泉水即尋源出洛州鞏縣西南四十里注水經云鄩城水出北山鄩溪又有故鄩城在鞏縣西南五十八里按洛州緱氏縣東南四十里與鄩溪相近之地史記張儀列傳正義

右鞏

新城今洛州伊闕縣也史記周本紀正義

洛州伊闕縣在州南七十里本漢新城也隋文帝改新城爲伊闕取伊闕山爲名也史記高祖本紀正義

高都故城一名郜都城在洛州伊闕縣北三十五里史記周本紀正義

右伊闕

故鬲城在洛州密縣界杜預曰國名今平原鬲縣也史記夏本紀正義

華陽亭在今洛州密縣史記趙世家正義

右密

中條山在縣西北九十里東接王屋山南入絳州垣縣界太平寰宇記

右王屋

汴渠二字意會亦名莨蕩渠今名通濟渠首受黃河漢書有滎陽漕
渠如淳曰今礫谿口是也自宋武北征之後復皆湮塞隋煬帝
大業元年更令開導名通濟渠西通河洛南達江淮煬帝巡幸
每泛舟而往江都焉其交廣荊益揚越等州運漕商旅往來不
絕通典引坤元錄汴口堰在縣西二十里又名梁公堰隋文帝開皇七
年使梁睿增築漢古堰遏河入汴也同上

石河陰

洛州陽翟縣古櫟邑也史記秦本紀正義
陽翟洛州縣也左傳云鄭伯突入於櫟杜預曰櫟鄭別都今河
南陽翟縣是也地理志云陽翟縣是屬潁川郡夏禹之國史記項羽
本紀正義
故雍氏城在洛州陽翟縣東北二十五里故老云黃帝臣雍父

作柞曰也史記韓世家正義

故[redacted]康城在許州陽翟縣西北三十五里玉海詩地理攷

右陽翟

禹居洛州陽城者避商均時非久居也史記五帝本紀正義

自禹至太康與唐虞皆不易都城然則居陽城爲禹避商均時非之都也帝王世紀云禹封夏伯今河南陽翟是汲冢古文云太康居斟尋羿亦居之桀又居之史記周本紀正義

嵩高山一名太室山亦名外方山在洛州陽城縣北二十三里也史記夏本紀正義及封禪書正義

陽城洛州縣也負黍亭在洛州陽城縣西南三十五里故周邑左傳云鄭伐周負黍是也史記周本紀正義及鄭世家正義

陽城縣在箕山北十三里史記夏本紀正義

右陽城

潁水源出洛州嵩高當爲陽縣東南三十里一作三十五里陽乾山今俗名潁山泉源出山之東谷其側有古人居處俗名爲潁墟故老云是潁考叔之故居即酈元注水經所謂潁谷也已上史記鄭世家正義又引地理志云陽乾山潁水出東至更蔡入淮也史記禮書正義

右嵩陽

故韓城一名宜陽城在洛州福昌縣東十四里即韓宜陽縣城也史記周本紀正義韓世家正義又引

右福昌

召伯廟在洛州壽安縣西北五里召伯聽訟甘棠之下周人思之不伐其樹後人懷其德因立廟有棠在九曲城東阜上史記燕召伯世家正義

右壽安

新安故城在洛州澠池縣東一十三里漢新安縣城也即坑秦卒處（史記項羽本紀正義）

右澠池

瀍水出洛州新安縣東南流至洛州郭內南入洛（史記夏本紀正義）

澗水出洛州新安縣東白石山東北與穀水合流經洛州郭內東流入洛也（史記夏本紀正義）

右新安

三殽山又名嶔岑山在洛州永寧縣西北二十里即古之殽道也（史記秦本紀正義）

右永寧

武始故城在洛州武始縣西南十里（史記秦本紀正義）

右武始

洛州汜水縣古東一作之非虢國亦鄭之制邑漢之成皋已上外戚世家正義又引亦周穆王虎牢城一作又名虎牢已上秦本紀正義又引左傳云宫之奇曰虢仲虢叔王季之穆也史記秦本紀正義

洛州汜水縣古東虢叔之國東虢君也史記鄭世家正義

成皋故縣在洛州汜水縣西南二里史記項羽本紀正義

汜水源出洛州汜水縣東南三十二里方山山海經云浮戲之山汜水出焉史記項羽本紀正義

右汜水

鄭州

鄭州管城縣外城一云今州外城古管國名也一云郎管國城也周武王弟叔所封也史記周本紀正義一云是鮮叔所封國也管蔡世家正義

故祭城在鄭州管城縣東北十五里鄭大夫祭仲邑也釋例云祭城在河南上有敖倉周公後所封也（史記周本紀正義）

故華陽城在鄭州管城縣南（一云在縣西）四十里（一作三十里）是（史記周本紀正義又引）司馬彪云華陽亭在今洛州密縣（史記趙世家正義）

武疆故城在鄭州管城縣東北三十一里（史記曹相國世家正義）

衍地名在鄭州（史記魏世家正義）

陘山在鄭州西南一百一十里（史記楚世家正義）

圃田澤在鄭州管城縣東三里周禮云豫州藪曰圃田也（史記魏世家正義）

右管城

宅陽故城一名北宅在鄭州滎陽縣東南十七里（史記魏世家正義一云東北三十二里鄭世家正義一云西南十七里穰侯列傳正義）

廣武城在滎陽縣西二十里玉海宮室

京縣故城在鄭州滎陽縣東南二十里鄭之京邑晉太康地記云鄭太叔段所居邑滎陽縣卽大索城杜預云城臯東有大索城又有小索故城在滎陽縣北四里京相璠地名云京縣有大索亭小索亭大小氏兄弟居之故有大小之號史記項羽本紀正義

東廣武西廣武在鄭州滎陽縣西二十里戴延之西征記云三皇山上有二城東曰東廣武西曰西廣武各在一山頭相去百步汴水從廣澗中東南流今涸無水城各有三面在敖倉西鄭緣生述征記云一澗橫絕上過名曰廣武相對皆立城塹遂號東西廣武史記項羽本紀正義

東廣武城有高壇卽是項羽坐太公俎上者今名項羽堆亦項爲太公亭史記項羽本紀正義

敖倉在鄭州滎陽縣西十五里縣門之東北臨汴水南帶三皇山秦時置倉於敖倉云本紀正義

右滎陽

滎陽故城在鄭州滎澤縣西南十七里殷時敖地也史記殷本紀正義又引周時名北制在敖山之陽玉海詩地理考

敖王宮在鄭州滎澤縣西北十五里王宮城中左傳云晉文公敗楚於城濮至於衡雍作王宮於踐土也史記周本紀正義

右滎澤

故卷城在鄭州原武縣西北七里卽衡雍也史記秦本紀正義又絳侯周勃世家正義

故安城在鄭州原武縣東南二十里史記魏世家正義

垣雍二字意增故城在鄭州原武縣西北七里史記魏世家正義

右原武

陽武故城在鄭州陽武縣東北十八里漢陽武縣城也 史記曹相國世家正義

右陽武

鄭州新鄭縣本有熊氏之墟也 史記周本紀正義

故鄶城在鄭州新鄭縣東北二十二里 一作三十二里已上鄭世家正義 毛詩譜云昔高辛氏之土祝融之墟歷唐至周重黎之後妘姓處其地是爲鄶國爲鄭武公所滅也 史記楚世家正義

宛陵故城在鄭州新鄭縣東北三十八里本鄭舊縣也 史記魏世家正義

陘山在鄭州新鄭縣西南三十里 史記楚世家正義又魏世家正義

溱水在鄭州新鄭縣北三里古新鄭城南韓詩外傳云鄭俗二

月桃花水出時會於溱洧水上以自祓除按在古城南與溱水合史記鄭世家正義

子產墓在新鄭縣西南三十五里酈元注水經云子產墓在徑水上累石爲方墳墳東北向鄭城杜預曰言不忘本也史記鄭世家正義

右新鄭

汴州

逢澤亦名逢池在汴州浚儀縣東南十四里史記秦本紀正義

右浚儀

陳留汴州縣也在州東五十里本漢陳留郡及陳留縣之地孟康云留鄭邑也後爲陳所并故曰陳留史記項羽本紀正義

古莘國在汴州陳留縣東五里故莘城是也陳留風俗傳云東

留外黃有莘昌亭本宋地莘氏邑也史記殷本紀正義

小黃故城在汴州陳留縣東北三十三里史記高祖本紀正義

東昏故城在汴州陳留縣東北九十里史記陳丞相世家正義

右陳留

汴州雍丘縣古杞國城也史記夏本紀正義地理志云古杞國理此城周武王封禹後於杞號東樓公二十一代爲楚所滅史記周本紀正義

故周城即外黃之地在雍丘縣東張晏曰魏郡有內黃縣故加外也臣瓚曰縣有黃溝故名史記項羽本紀正義

故圉城有南北二城在汴州雍丘縣界本屬外黃即太子申見徐子之地也史記魏世家正義

圉城在汴州雍丘縣西南食其墓在雍丘西南二十八里史記酈生陸賈列傳正義

古穀邱

三亭岡在汴州尉氏縣西南三十七里史記范睢蔡澤列傳正義

古尉氏

汝州

周承休城一名梁雀塢在汝州梁縣東北二十六里帝王世紀云漢武帝元鼎四年東巡河洛思周德乃封姬嘉三千戶地方三十里爲周子南君以奉周祀元鼎三年嘉弟昭進爵爲承休侯在此城也平帝元始四年進爲鄭公光武建武三年封姬觀爲衛公史記周本紀正義

汝州外古梁城即黑狐聚也陽人故城即陽人聚也在汝州梁縣西四十里秦遷東周居也梁亦古梁城也在汝州梁縣西南十五里史記周本紀正義

故梁在汝州西南二百步晉太康地記云戰國時謂南梁者別之於大梁少梁也古蠻子邑也史記田世家正義

注城在汝州梁縣西南五里注或作鑄也史記趙世家魏世家正義二引

成安故城在汝州梁縣東二十三里又云成安屬潁川郡陳留郡又有成安縣亦屬梁未知孰是也史記韓長孺列傳正義

故麻城謂之蠻中在汝州梁縣界左傳單浮餘圍蠻氏杜預云城在河南新城東南伊洛之戎陸渾蠻氏城也俗以爲麻蠻聲相近故耳史記周本紀正義

右梁

汝州魯山本漢魯陽縣也古魯縣以古魯山爲名也史記楚世家正義

故應城故應鄉也在汝州魯山縣東四十里也一云三十里魏世家正義又引一作古鄉范睢蔡澤列傳正義又引

呂氏春秋云成王戲削桐葉爲圭以封叔

虞非應侯也又汲冢古文云殷時已有應國非成王所造也史記梁孝王世家正義

故應城因應山爲名古之應國在汝州魯山縣東三十里左傳云邘晉應韓武之穆也史記秦本紀正義

故應城殷時應國在城父史記周本紀正義

汝水源出汝州魯山縣西伏牛山亦名猛山汝水至豫州郾城縣名濆水爾雅云河有雝汝有濆亦汝之別名地理志云高陵山汝出東南至新蔡縣入淮史記禮書正義

右魯山

夏亭故城在汝州郟城縣東北五十四里蓋夏后所封也史記夏本紀正義

城父在汝州郟縣東三十里韓里也史記留侯世家正義

汝州郟城縣東四十里有父城故城即服虔云城父楚北境者也又許州葉縣東北四十五里亦有父城故城即杜預云襄城城父縣者也此二城父城之名耳服虔城父是誤也左傳及注水經云楚大城城父是太子建居之十三州志云太子建所居城父謂今亳州城父是也此三家之說是城父之名地理志云潁川父城縣沛郡城父縣據縣屬郡其名自分古先儒多惑故使其名錯亂（史記白起王翦列傳正義）

右郟城

襄州

故偃城（禮書正義作鄢故城）在襄州安養縣北三里古郾子之國（已上史記秦本紀正義 又引）鄧之南鄙也（史記禮書正義）

故鄗城在襄州安養縣北三里古襄州北五里南去荊州二百

五十里史記楚世家正義

故鄧城在襄州安養縣北二十里春秋之鄧國莊公十六年楚文王滅之服虔云鄧曼姓也史記楚世家正義

右安養

率道縣南九里有故鄾城漢惠帝改曰宜城也史記禮書正義

右率道

中廬在義淸縣北二十里本春秋時廬戎之國也秦謂之伊廬漢爲中廬縣項羽之將鐘離眛冢在史記淮陰侯列傳正義

鄢水源出襄州義淸縣西界託伏山水經云蠻水卽鄢水是也史記楚世家正義

右義淸

荆山縣本漢臨沮縣地也沮水卽漢水也韓子云卞和得玉璞

於楚之荆山卽此也史記夏本紀正義

荆山在襄州荆山縣西八十里也史記夏本紀正義

右荆山

楚昭王故城在襄州樂鄉縣東北三十二里在故都城東五里卽楚國故昭王徙都鄀城也史記楚世家正義

右樂鄉

括地志卷第六終

括地志卷第七　　岱南閣叢書

賜進士及第分巡山東兗沂曹濟兼管驛傳水利黃河兵備道孫星衍輯

夔州

巫郡在夔州東百里華陽國志張若爲蜀郡守（史記秦本紀正義）

隨州

隨州外城古隨國城（一作地）隨姬姓也（史記楚世家正義二引）

楚昭王城在隨州隨縣北七里左傳云吳師入郢王奔隨隨人處之公宮之北即此城是也（史記楚世家正義）

厲山在隨州隨縣北百里山東有石穴曰神農生於厲鄉所謂列山氏也春秋時爲厲國（史記五帝本紀正義）

溳山一名昆山一名斷蛇邱在隨州隨縣北二十五里說苑云昔隨侯行遇大蛇中斷疑其靈使人以藥封之蛇乃能去因號

其處爲斷蛇邱歲餘蛇銜明珠徑寸絶白而有光因號隨珠卞和璧始皇以爲傳國璽也史記李斯列傳正義

右隨

上唐鄉故城在隨州棗陽縣東南百五十里古之唐國也世本云唐姬姓之國史記楚世家正義

右棗陽

硤州

夷陵峽州夷陵縣是也在荆州西應劭云夷山在西北史記楚世家正義

右夷陵

鳳州

鳳州兩當縣本漢故道縣也在州之西五十里史記河渠書並曹相國世家正

義

右兩當

利州

潛水一名復水今名龍門水源出利州綿谷縣東龍門山大石穴下也史記夏本紀正義

右綿谷

苴侯都葭萌今利州益昌縣五十里葭萌故城是史記張儀列傳正義

右益昌

合州

蜀侯都益州巴子城在合州石鏡縣南五里故墊江縣也史記張儀列傳正義

右石鏡

鄧州

穰鄧州所理縣卽古穰侯國史記秦本紀正義

朝陽故城在鄧州穰縣南八十里應劭云在朝水之陽也史記三王世家正義

湼陽故地城在鄧州穰縣東北六十里本漢舊縣也應劭云在湼水之陽史記項羽本紀正義

順陽故城在鄧州穰縣西三十里楚之郇邑也又蘇秦傳云楚北有郇陽並謂此也史記張釋之馮唐列傳正義

右穰

南陽縣地城在宛大城之南隅其西南有二面皆故宛城史記高祖本紀正義

杜衍侯故縣在鄧州南陽縣西八里史記項羽本紀正義

故吕城在鄧州南陽縣西三十里呂尚先祖封史記呂后本紀正義

故申城在鄧州南陽縣北三十里已上史記鄭世家正義又引晉太康地理志云周宣王舅所封史記楚世家正義

右南陽

鄧州向城縣南二十里西鄂故城是楚西鄂史記楚世家正義

博望故城在鄧州向城縣東南四十五里史記田世家正義

右向城

故酈城一作縣在鄧州新城縣西北四十里一作三十里已上越王勾踐世家又引蓋此縣是也史記齊悼惠王世家正義

右新城

故丹城一作丹朱故城在鄧州內鄉縣西南百三十里已上史記五帝本紀正義又引下有丹朱故爲縣五字南去丹水二百步汲冢紀年云后稷放帝子丹朱

於丹水是也輿地志云秦爲丹水縣也地理志云丹水縣屬宏農郡抱朴子云丹水出丹魚先夏至十日夜伺之魚浮水側光照如火網而取之割其血以塗足可以步行水上長居川中不溺史記高祖本紀正義

鄧州內鄉縣城本楚析邑一名丑漢置析縣因析水爲名也史記楚世家正義

荆州圖副云鄧州內鄉縣東七里於村即於中地也史記越王勾踐世家正義

於中在鄧州內鄉縣東七里史記越王勾踐世家正義

於商在鄧州內鄉縣東七里古於邑也史記商君列傳正義

故長城在鄧州內鄉縣東七十五里南入穰縣北連翼望山無土之處累石爲固楚襄王控霸南土爭强中國多築列城於北

方以適華夏號爲方城（史記越王句踐世家正義）

右內鄉

歸州

丹陽故國歸州巴東縣也（路史國名紀）

歸州巴東縣東南四里秭歸故城楚子熊繹之始國也又熊繹墓在歸州秭歸縣輿地志云秭歸縣東有丹陽城周迴八里熊繹始封也（史記楚世家正義）

右巴東

荆州

郢城在荆州江陵縣東北六里卽吳公子光伐楚楚平王恐城郢者也（已上史記秦本紀正義引作江陵縣東北楚平王築都之地也）又楚武王始都郢紀南故城是也在江陵縣北十五里（史記禮書正義）

紀南故城在荊州江陵縣北五十里杜預云國都於郢今南郡江陵縣北紀南城是又至平王更城郢在江陵縣東北六里故郢城是也（史記楚世家正義）

石江陵

章山在荊州長林縣東北六十里今漢水附章山之東與經史符會按大別山今沙洲在山上漢江經其左今俗猶云甑山（史記夏本紀正義）

右長林

章華臺（三字意增）在荊州安興縣東八十里（玉海宮室）

右安興

梁州

南鄭梁州所理縣也（史記項羽本紀正義）

右南鄭

褒國城在梁州褒城縣東二百步古褒國也史記周本紀正義

褒谷在梁州褒城縣北五十里史記河渠書正義又引南中山昔秦欲伐蜀路無由入乃刻石爲牛五頭置金於後僞言此牛能屎金以遺蜀蜀侯貪信之乃令五丁共引牛塹山堙谷致之成都秦遂尋道伐之因號曰石牛道蜀賦以石門在漢中之西褒中之北是史記留侯世家正義

斜水源出褒城縣西北九十八里衙嶺山與褒水同源而派流漢書溝洫志云褒水通沔斜水通渭皆以行船史記河渠書正義又留侯世家正義

右褒城

嶓冢山在梁州金牛縣東二十八里史記夏本紀正義

嶓冢山水始出山沮洳故曰沮水東南爲瀁水又爲沔水至漢中爲漢水至均州爲滄浪水始衍出大江爲夏口又爲沔口漢江一名沔江也史記夏九紀正義

漢水源出梁州金牛縣東二十八里嶓冢山史記夏本紀正義

右金牛

成固故城在梁州城固縣東六里漢城固城也史記袁盎鼂錯列傳正義

黑水源出梁州城固縣西北太山史記夏本紀正義

右城固

均州

均州武當縣有滄浪水庾仲雍漢水記云武當縣西四十里漢水中有洲名滄浪洲也地記云水出荆山東南流爲滄浪水史記夏本紀正義

右武當

商州

商州圖云商州上洛九域志輿地記云契始封路史國名紀

王陵故城在商州上洛縣南三十一里荆州記云昔漢高祖入秦王陵起兵丹水以應之此城王陵所築因名也史記高祖本紀正義

右上洛

熊耳山在商州洛南舊作洛西十里齊桓公登之以望江漢也史記五帝本紀正義

洛水出商州洛南縣冢嶺山封禪書正義引云洛南縣西冢嶺山東北流入河東流經洛州郭內又東合伊水史記夏本紀正義

右洛南

商州東八十里商洛縣本商邑古之商國云商洛縣則古商國城也越王勾踐世

家正義又引帝嚳之子卨所封也史記殷本紀正義

故武關在商州商洛縣東九十里春秋時少習也杜預云習商縣武關也史記秦始皇本紀正義

右商洛

房州

房陵即今房州房陵縣古楚漢中郡地也是巴蜀之境地理志云房陵縣屬漢中郡在益州部接東南一千三百一十里也史記秦始皇本紀正義

趙王遷墓在房州房陵縣西九里也史記趙世家正義

右房陵

上庸今房州竹山縣及金州是也史記秦本紀正義

房州竹山縣及金州古盧國也益州及巴利等州皆古蜀國隴

右岷洮叢等州以西羌也姚府以南古髳國之地戎府之南古微盧彭三國之地濮在楚西南有髳州微濮州瀘府彭州焉武王率西南夷諸州伐紂也史記周本紀正義

房州竹山縣本漢上庸縣古之庸國昔周武王伐紂庸蠻在焉史記楚世家正義

方城房州竹山縣東南四十一里其山頂上平四面險峻山南有城長十餘里名爲方城卽此山也史記禮書正義

右竹山

益州

大江一名汶江一名管橋水一名清江亦名水江西南自温江縣界流來又云郫江一名成都江一名市橋江亦名中日江亦曰内江西北自新繁縣界流來二江並在益州成都縣界杜預

益州記云二江郫江流江也風俗通云秦昭王使李冰爲蜀守開成都縣兩江溉田萬頃神須取女二人以爲婦冰自以爲女與神婚徑至祠勸神酒酒杯澹澹因厲聲責之因忽不見良久有兩蒼牛鬬於江岸有間輒還流江謂官屬曰吾鬬疲極不當相助耶南向腰中正白者我綬也主簿刺北面者江神遂死華陽國志云蜀時濯錦流江中則鮮明也史記河渠書正義

江瀆祠在益州成都縣南八里秦并天下江水祠蜀史記封禪書正義

右成都

繁江水受郫江禹貢云岷山導江東別爲沱源出益州新繁縣史記夏本紀正義

右新繁

漢武帝置十三州改梁州爲益州廣漢廣漢今益州皆縣是也

分今河内上黨雲中（史記天官書正義）

右咎

雍齒城在益州什邡縣南四十步漢什邡縣漢初封雍齒為侯國（史記留侯世家正義）

右什邡

緜州

李城一名鬼城（六字意增）城西十里地名木棚有益昌縣為此也未詳其由（太平寰宇記緜州西昌縣）

右西昌

眉州

鼎鼻山北有龍洲東接導江水（太平寰宇記眉州）

右彭山

雅州

嚴道今爲縣卽邛當爲雅字州所理縣也縣有蠻夷曰道故曰嚴道史記孝文帝本紀正義

蒙山在雅州嚴道縣南十里史記夏本紀正義

右嚴道

邛僰山在雅州榮經縣界榮經武德年間置本秦嚴道縣地華陽國志云邛筰山故邛人筰人界也山巖峭峻曲回九折乃至上下有凝冰按卽王尊登者也今從九折西南行至嶲州山多雨少晴俗呼名爲漏天史記孝文帝本紀正義

雅州榮經縣北三里有銅山卽鄧通得賜銅山鑄錢者邑榮經卽嚴道史記按幸列傳正義

右榮經

茂州

蜀西徼外羌茂州冉州本冉駹國地也後漢書云冉駹其山有六夷七羌九蠻各有部落也史記西南夷列傳正義

岷山在茂州汶川縣史記夏本紀正義

茂州汶川縣石紐山在縣西七十三里華陽國志云今夷人共營其地方百里不敢居牧至今猶不敢放六畜揚雄蜀王本紀云禹本汶山郡廣柔縣人也生於石紐按廣柔隋改曰汶川史記夏本紀正義

右汶川

巂州

邛都縣本邛都國漢爲縣今巂州也西南夷傳云滇池以北君長以十數邛都最大是也史記孝文帝本紀正義

右越嶲

筰州

筰州本西蜀徼外曰猫羌嶲地理志云徙縣也華陽國志云雅州邛郲山本名邛筰山故邛人筰人界（史記西南夷列傳正義）

朗州

五尺道在朗州顔師古云其處險阸故道纔廣五尺如淳云道廣五尺也（史記西南夷列傳正義）

昆州

滇池澤在昆州晉寧縣西南三十里其水源深廣而更淺狹有似倒流故謂滇池（史記西南夷列傳正義）

右晉寧

光州

黃國故城漢弋陽縣也秦時黃都嬴姓在光州定城縣四十里也史記楚世家正義

右定城

光州固始縣本春秋時蓼國偃姓皐陶之後也左傳云子燮滅蓼太康地志云蓼國先在南陽故縣今豫州郾縣界故胡城是後徙於此史記夏本紀正義

右固始

申州

石城山在申州鍾山縣東南二十一里魏攻冥阸卽此山上有石故城注水經云或言在鄳指此山也呂氏春秋云九塞此其一也史記魏世家正義

右鍾山

壽州

故六城在壽州安豐縣南百三十二里史記夏本紀正義又引下行春秋文五年秋楚成大心滅之十二字本六國偃姓皋繇之後所封也黥布亦皋繇之後居六國史記項羽本紀正義

肥陵故縣在壽州安豐縣東六十里在故六城東北百餘里史記淮南衡山列傳正義

咎繇墓在壽州安豐縣南一百三十里故六城東東都陂內大家也史記夏本紀正義

右安豐

濠州

鍾離國故城在濠州鍾離縣東五里史記魯周公世家正義又絳侯周勃世家引作潁縣東北五里

右鍾離

陰陵縣故城在濠州定遠縣西北六十里地理志云陰陵縣屬九江郡史記項羽本紀正義

東城縣故城在濠州定遠縣東南五十里地理志云東城縣屬九江郡史記項羽本紀正義又陳涉世家正義

虞姬墓在濠州定遠縣東六十里長老傳云須羽美人冢也史記項羽本紀正義

右定遠

廬州

龍山在舒城以山狀如龍形太平寰宇記錄城

右舒城

髑髏山在廬州巢縣東北五里昔范增居北山之陽後佐項羽

史記項羽本紀正義

廬州巢縣有巢湖即尚書成湯伐桀放於南巢者也淮南子云湯敗桀於歷山與妹喜同舟浮江奔南巢之山而死國語云滿於巢湖又云夏桀伐有施施人以妹喜女焉史記夏本紀正義

右巢

舒州

舒今廬江則故舒城是也史記項羽本紀正義

右廬江

團亭港三字意增其水發源於界內南峽山東南一百五十里入國湖太平寰宇記舒州桐城

右桐城

海渚在舒州同安縣東史記秦始皇本記正義

右周安

滁州

九頭山在滁州全椒縣西北九十六里江表傳云項羽敗至烏江漢兵追羽至此一日九戰因名史記項羽本紀正義

右全椒

楚州

楚州山陽本漢射陽縣吳地志云在射水之陽故曰射陽史記項羽本紀正義

右山陽

富陵故城在楚州盱眙縣東北六十里史記荆燕世家正義

東陽故城在楚州盱眙縣東七十里秦東陽縣城也在淮水南史記項羽本紀正義

右盱眙

東陽即臨淮五字意增西北四十里蓋此縣是也史記荆燕世家正義

右臨淮

和州

和州歷陽縣本漢舊縣也淮南子云歷陽之都一夕而爲湖漢帝時歷陽淪爲歷湖史記項羽本紀正義

右歷陽

烏江亭即和州烏江縣是也晉初爲縣注水經云水又北左傳黄律口漢書所謂烏江亭長檥船以待項羽即此也史記項羽本紀正義

右烏江

安州

安州安陸縣城本春秋時鄖國城史記楚世家正義

橫尾山古陪尾山也在安州安陸縣北六十里史記夏本紀正義

右安陸

黃州

西陵故城在黃州黃山西二里史記楚世家正義

故邾國在黃州黃岡縣東南百二十一里史記云邾子曹姓也史記楚世家正義

故邾城在黃州黃岡縣東南二十里本春秋時邾國邾子曹姓狹居至魯隱公徙蘄音機史記項羽本紀正義

右黃岡

括地志卷第七終

括地志卷第八　岱南閣叢書

賜進士及第分巡山東兗沂曹濟兼管驛傳水利黃河兵備道孫星衍輯

秦州

秦始封之邑（五字意增）秦州上邽縣西南九十里是也（玉海詩地理攷）

秦州上邽縣西南九十里漢隴西郡縣是也（史記秦本紀正義）

西縣故城在秦州上邽縣西南九十里本漢西縣地（史記絳侯周勃世家正義）

右上邽

緜諸城秦州秦嶺縣北五十六里漢緜諸道屬天水郡（史記匈奴列傳正義）

右秦嶺

秦州清水縣本名秦嬴姓邑（玉海通鑑地理通釋引下有漢屬天水郡五字）十三州志

云秦亭秦谷是也周太史儋云始周與秦國合而別故天子邑之秦史記秦本紀正義

右清水

成州

隴右成州武州皆白馬氏其豪族楊氏居成州仇池山上史記西南夷列傳正義

雞頭山在成州上祿縣東北二十里在京西南九百六十里酈元云蓋大隴山異名也後漢書隗囂傳云王猛塞雞頭即此也史記秦始皇本紀正義

右上祿

成州同谷縣本漢下辨道史記曹相國世家正義

右同谷

渭州

獂道故城在渭州襄武縣東南三十七里古之獂戎邑漢獂道屬天水郡史記匈奴列傳正義

右襄武

故子城在渭州華城縣東北八十里蓋子姓之別邑史記殷本紀正義

右華城

渭水源出渭州渭源縣西七十六里鳥鼠山今名青雀山渭有三源並出鳥鼠山東流入河山海經云鳥鼠同穴之山渭水出焉史記夏本紀正義二引

右渭源

河州

積石山今名小積石山在河州枹罕縣西七里河州在京西一

千四百七十二里史記夏本紀正義

右枹罕

岷州

秦隴西郡臨洮縣即今岷州城本秦長城首起岷州西十二里延袤萬餘里東入遼水史記匈奴列傳正義隴右岷洮叢等州西羌也玉海詩地理攷

岷山在岷州溢洛應作溢樂南一里連綿至蜀二千里皆名岷山史記夏本紀正義

江水源出岷州南岷山南流至益州即東南流入蜀至瀘州東流經三峽過荊州與漢水合孫卿子云江水其源可以濫觴也史記夏本紀正義

右臨洮元和郡縣志作溢樂

洮州

臨洮郡卽今洮州亦古西羌之地在京西一千五百五十一里羌中從臨洮西南芳州扶松府以西並古諸羌地也（史記秦始皇本紀正義）

西傾山今嵹臺山在洮州臨澤縣西南三百三十六里（史記夏本紀正義）

右臨澤（元和郡縣志作臨潭）

涼州

涼甘肅延沙等州地本月氐國（史記匈奴列傳正義）

都野澤在涼州姑臧縣東北二百八十里（史記夏本紀正義）

右姑臧

肅州

崑崙山在肅州酒泉縣南八十里十六國一作六國春秋舊作秦亡云後魏昭成帝建國十年凉張駿酒泉太守馬岌上言酒泉南山即崑崙之體一作邱也周穆王見西王母樂而忘歸即謂此山有石室王母堂珠璣鏤飾煥若神宫又刪丹西河名云弱水禹貢昆侖在臨羌之西即此明矣史記秦本紀正義又司馬相如列傳正義

右酒泉

空桐山在肅州福祿縣東南六十里古西戎地又原州平高縣西百里亦有崆峒山抱朴子内篇云黄帝西見中黄子受九品之方過空桐從廣成子受自然之經即此山史記趙世家正義又五帝本紀正義節文

右福祿

甘州

甘州在京西北二千四百六十里史記李將軍列傳正義

漢居延縣故城在甘州張掖縣東北一千五百三十里有漢遮虜鄣强弩都尉路博德之所築李陵敗與士衆期至遮虜鄣即此也長老傳云鄣北百八十里直居延之西北是李陵戰地也史記匈奴列傳正義

祁連山在甘州張掖縣西南二百里史記李將軍列傳正義

居延海在一作南甘州張掖縣東北六十四里五帝本紀正義引作東北千六十四里地理志云流沙在張掖居延縣地理志云居延澤古文以爲流沙史記李將軍列傳正義

弱水在甘州張掖縣南山下也史記司馬相如列傳正義

右張掖

蘭門山一名合黎一名窮石山在甘州刪丹縣西南七里淮南

子云弱水源出窮石山又云合黎一名羌谷水一名鮮水一名覆表水今名副投河亦名張掖河南自吐谷渾界流入甘州張掖縣史記夏本紀正義

焉支山一名刪丹山在甘州刪丹縣東南五十里史記匈奴列傳正義

右刪丹

沙州

三危山有峯故曰三危俗亦名卑羽山在沙州燉煌縣東南三十里史記五帝本紀正義又司馬相如列傳正義節文一作四十里夏本紀正義

右燉煌

沙州龍勒山在縣南百六十五里玉門關在縣西北百一十八里史記大宛列傳正義

蒲昌海一名泑澤一名鹽澤亦名輔日海亦名穿蘭亦名臨海

在沙州西南玉門關 壽昌縣西六里 史記大宛列傳正義

右壽昌

伊州

天山一名白山今名初羅漫山在伊吾縣北百二十里伊州在京西北四千四百一十六里 史記李將軍列傳正義

黑水源出伊吾縣北百二十里又南流二十里而絶 史記夏本紀正義

右伊吾

文州

白馬水源出文州曲水舊作曲文縣西南曾徑孫山下 史記樊噲列傳正義

右曲水

潭州

潭州長沙縣本漢臨湘縣長沙王吳芮都之芮墓在長沙縣北

四里（史記高祖本紀正義）

吳芮故城在潭州長沙縣東南三百里賈誼宅在縣南三十步湘水記云賈誼宅中有一井誼所穿極小而深上斂下大其狀如壺傍有一局脚石床容一人坐形流古制相承云誼所坐（史記屈原賈生列傳正義）

右長沙

江州

巴子都江州在都之北又峽州界也（史記張儀列傳正義）

江州潯陽縣有黃金山山出金（史記貨殖列傳正義）

禹貢三江俱會於彭蠡合為一江入於海（史記夏本紀正義）

彭蠡湖在江州潯陽縣東南五十二里（史記夏本紀正義）

右潯陽

涪州

寡婦清臺山俗名貞女山在涪州永安縣東北七十里也史記貨殖列傳正義

右永安

鄂州

武昌縣鄂王舊都今鄂王神即熊渠子之神也史記楚世家正義

右武昌

潤州

丹徒故城在潤州丹徒縣東南十八里漢丹徒縣也晉太康地志云吳王濞反走丹徒越人殺之於此城南徐州記云秦使赭衣鑿其地因謂之丹徒鑿處今在故縣西北六里丹徒峴東南連亘盤紆屈曲有象龍形故秦鑿絕頂闊百餘步又夾坑龍首

以毀其形坑之所在即今龍目二湖悉成田也史記絳侯周勃世家正義

漢吳王濞冢在潤州丹徒縣東練壁聚北今入于江吳錄云丹徒有吳王冢在縣北其處名爲相唐史記吳王濞列傳正義

右丹徒

丹陽郡故城在潤州江寧縣東南五里秦兼并天下以爲鄣郡也史記秦始皇本紀正義

慈姥二字意增山積石臨江岸壁峻絕山上出竹堪爲簫管歷樂府名爲鼓吹山今並芊茸頭細不任太平寰宇記江寧

右江寧

岳州

湘山一名艑山在岳州巴陵縣南十八里也史記五帝本紀正義

右巴陵

黄陵廟在岳州湘陰縣北五十七里舜二妃之神二妃冢在湘陰北一百六十里青草山上盛宏之荆州記云青草湖南有青草山湖因山名焉列女傳云舜陟方死於蒼梧二妃死於江湘之間因葬焉按湘山者乃青草山山近湘水廟在山南故言湘山祠史記秦始皇本紀正義

右湘陰

饒州

饒州鄱陽縣春秋時爲楚東境秦爲番縣屬九江郡漢爲鄱陽縣也史記楚世家正義

右鄱陽

虔州

梅嶺在虔化縣東北百二十八里虔州漢亦屬豫章郡史記東越列傳

正義

右虔化

衡州

衡山一名峋嶁山在衡州湘潭縣西四十一里一作四十里史記秦始皇本紀正義又夏本紀正義封禪書正義

右湘潭

永州

九嶷山在永州唐興縣東南一百里皇覽冢墓記云舜冢在零陵郡營浦縣九嶷山史記秦始皇本紀正義

右唐興

道州

鼻亭神在道縣當爲營道縣北六十里故老傳云舜葬九疑象來至

此後人立祠名爲鼻亭神輿地志云零陵郡應陽縣東有山山有象廟王隱晉書云此大泉陵縣北部東五里有鼻墟象所封也史記五帝本紀正義

石營道

越州

檝山在越州會稽縣西北三里一名稷山史記外戚世家正義

會稽山一名衡山在越州會稽縣東南一十二里也史記封禪書正義

石箐山一名玉笥山又名宛委山卽會稽山一峯也在會稽縣東南十八里吳越春秋云禹按黃帝中經九山東南天柱號曰宛委赤帝左闕之填承以文玉覆以盤石其書金簡青玉爲字編以白銀皆瑑其文禹乃東廵登衡山血白馬以祭禹乃登山仰天而笑忽然而臥夢見繡衣男子自稱元夷倉水使者郝尙

覆釜之山東顧謂禹曰欲得我山神書者齋於黄帝之岳岩石之下三月季庚登山發石禹乃登宛委之山發石乃得金簡玉字以水泉之脈山中又有一穴深不見底謂之禹穴史遷云上會稽探禹穴即此穴也（史記太史公自序正義）

禹陵在越州會稽縣南十三里廟在縣東南十一里（史記夏本紀正義）

右會稽

越州餘姚縣顧野王云舜後支庶所封之地舜姚姓故云餘姚縣西七十里有漢上虞故縣會稽舊記云舜上虞人去虞三十里有姚邱即舜所生也周處風土記云舜東夷之人生姚邱（史記五帝本紀正義）

越州餘姚縣有歷山舜井又有姚墟云生舜處也及嬀州歷山舜井皆云舜所耕處未詳也（史記五帝本紀正義）

右餘姚

徐城在越州鄮縣東南入海二百里夏侯志云翁洲上有徐偃王城傳云昔周穆王巡狩諸侯共尊偃王穆王聞之令造父御乘騕褭之馬日行千里自還討之或云命楚王帥師伐之偃王乃於此處立城以終史記秦本紀正義

右鄮

杭州

周顯王四十六年楚伐越大敗其王無彊盡取其地至於浙江之北故復入楚太平寰宇記杭州

宣州

銅山今宣州及潤州句容縣有并屬鄣也史記吳王濞列傳正義吳採鄣山之銅卽此太平寰宇記

湖州

烏程東北有孫皓爲烏程侯時井一所口圓徑一丈六尺（太平寰宇記烏程縣）

何口山在縣南十里山下當何山等路昔曰何山亦曰金蓋山晉何楷居之修儒業楷後爲吳興太守改金蓋爲何山山口有火山曰金口山今曰何口山（太平寰宇記烏程縣）

黃浦（二字意增）亦名庚浦蓋康浦也以其左右有上康下康村晉殷康爲太守百姓避其名因更康爲庚也（太平寰宇記烏程縣）

右烏程

故章城（三字意增）秦兼天下以爲鄣郡今湖州長城縣西南八十里故章城是也（史記吳王濞列傳正義）

右長城

西顧山一名吳望山在縣北四十九里高千丈山墟名云西顧山昔吳王闔廬登姑蘇望五湖顧見此山因名之（太平寰宇記長興縣）

湖陵山在縣北一十五里高四百五十尺山墟名云蕤香山昔西施種香之所（太平寰宇記長興縣）

夏駕山一名石鼓山在縣南三十六里高九百丈石鼓作金鼓鳴亦爲零陵郡石鼓之類（太平寰宇記長興縣）

右長興

五山（二字意增）有五峯昔村人姚紾嘗於此採樵忽遇仙人及還家因入甕中隱身謂家人云可七日勿開日限未至家人開之紾變爲白鶴飛向五山吳興記云五山亦名奕山也（太平寰宇記安吉縣）

南嶼山一名白水山上有湖其水色白因名之（太平寰宇記安吉縣）

銅山高一千三百尺在縣東三十里吳採鄣山之銅即此（太平寰宇）

記安吉縣

右安吉

辰州

黔州（疑當爲中）故城在辰州沅陵縣西二十里江南今黔府亦其地也（玉海通鑑地理通釋）

右沅陵

辰州盧溪縣西南三百五十里有包茅山武陽記云山際出包茅有刺而三脊因名包茅山（史記夏本紀正義）

右盧溪

建州

邵武有庸嶺一名烏頭嶺北隰中有大蛇長七八丈爲患都尉長吏多致死者巫言啖童女其都尉令長遂估賃人家婢子養

之八月祭送蚒穴已九女矣將樂縣李誕有六女無男小女名寄及受僱應之責買好劍仍作數石米餈用蜜灌之以置穴口蚒夜出目如三尺鏡寄放犬咋蚒寄從後以劍斫之蚒踊出至庭而死（太平寰宇記建武軍本建州）

右邵武

將樂石似張帆勢山畔有泉四時皆澄清（太平寰宇記將樂縣按太平寰宇記云石帆山在縣東北三十里）

右將樂

武夷山在縣北一百二十八里蕭子開建安記云武夷山在其高悉紅紫二色望之若朝霞有石壁峭拔數百仞於烟嵐之中其間有木碓磨簸箕籮箸什器等物靡不有之顧野王謂之地仙之宅半巖有懸棺數千傳云昔有神人武夷君居此故得名

太平寰宇記建州建陽縣

建陽上百餘里有仙人葬山亦神仙所居之地太平寰宇記建陽縣

武夷山澗東一巖上有雞棲太平御覽引坤元錄

右建陽

師州　黎州

師州黎州在京西南五千六百七十里戰國楚威王時莊蹻王滇則爲滇國之地楚昭王徙都鄀莊蹻王滇楚襄王徙都陳楚考烈王徙都壽春咸被秦逼乃四分也史記禮書正義

外蕃

亶洲在東海中秦始皇使徐福將童男女入海求仙人止在此洲其數萬家一作遣徐福將童男女遂止此州其後復有數洲萬家其上人有至會稽市易者史記淮南衡山列傳正義至今洲上人有至會稽市易者吳人外國圖云亶洲去琅

邪萬里（史記秦始皇本紀正義）

鐵勒國匈奴冒頓之後在突厥國北樂勝州經泰長城太美長路正北經砂磧十三日行至其國（史記匈奴列傳正義）

夏桀無道湯放之鳴條三年而死其子獯粥妻桀之衆妾避居北野隨畜移徙中國謂之匈奴其言夏后苗裔或當然也（史記匈奴列傳索隱）

高驪都平壤（一作壤）城本漢樂浪郡王險城古云朝鮮地也（史記秦始皇本紀正義又朝鮮列傳正義）

朝鮮高驪貊東沃沮五國之地國東西千三百里南北二千里在京師東東至大海四百里北至營州界九百二十里南至新羅國六百里北至靺鞨國千四百里（史記朝鮮列傳正義）

穢貊在高麗南新羅北東至大海西（史記留侯世家正義）

靺鞨國故肅愼也亦曰挹摟在京東北八千四百里一云萬里南去扶餘千五百里東及北各抵大海已上司馬相如列傳正義又引其國南有白山草木鳥獸皆白其人處山林間土氣極寒常爲穴居以深爲貴至接九梯養豕食肉衣其皮冬以猪膏塗身厚數分以禦風寒貴臭穢不潔作厠於中圜之而居多勇力善射弓長四尺如弩矢用楛長一尺八寸青石爲鏃葬則交木作槨殺豬積槨上富者至數百貧者數十以爲死人之糧以土上覆之以繩繫於槨頭出土上以酒灌酹繩腐而止無四時祭祀也史記夏本紀正義

率都沙那國亦名蘇對沙那國本漢大宛國史記大宛列傳正義

火山國在扶風南東大湖海中其國中山皆火然火中有白鼠皮及樹皮績爲火浣布魏略云大秦在安條支西大海之西故俗謂之海西從安息界乘船直載海西遇風利時三月到風遲

域一二歲其公私宮室爲重屋郵驛亭置如中國從安息繞海北陸到其國人民相屬十里一亭三十里一置無盗賊其俗人長大平正似中國人而胡服宋膺異物志云秦之北附庸小邑有羊羔自然生於土中候其欲萌築牆繞之恐獸所食其臍與地連割絶則死擊物驚之乃驚鳴臍遂絶則逐水草爲羣又大秦金二枚皆大如瓜擲之滋息無極觀之如用則眞金也史記大宛列傳正義

焦僥在大秦國北也史記孔子世家正義又殷敬順列子釋文作西北

小人國在大秦南人纔三尺其耕稼之時懼鶴所食大秦衛助之即焦僥國其人穴居也史記大宛列傳正義

康居國在京西一萬六百里其西北可二千里有奄蔡國也史記大宛列傳正義

百濟國西南海中有大島十五所皆置邑有人居屬百濟又倭國西南大海中島居凡百餘小國在京南萬三千五百里史記五帝本紀正義

沙祇大國即舍衛國也在月氏南萬里即波斯匿王浚處此國共九十種知身後事城有祇樹給孤園史記大宛列傳正義

天竺國有東西南北中央天竺國國方三萬里去月氏七千里大國隷屬凡二十天竺在崑崙山南大國也治城臨恆水史記大宛列傳正義

阿耨達山亦名建末達山亦名崑崙山恆河出其南吐獅子口經天竺入達山嬀水今名為滸海出書於西河北隅吐馬口經安息大夏國入西海黃海出東北隅吐牛口東北流經濫澤潛出大積石山至華山北東入海其三河去山入海各三萬里此

謂大崑崙肅州謂小崑崙也禹本紀云河出崑崙二千五百餘里日月所相隱避爲光明也（史記司馬相如列傳正義）

阿耨達山亦名建末達山亦名崑崙山水出一名拔扈利水一名恆伽阿卽經稱河者也自崑崙山以南多是平地而下濕土肥良多種稻歲四熟留役駞馬米粒亦極大（史記大宛列傳正義）

崑崙弱水非乘龍不至有三足神鳥爲王母取食也（史記大宛列傳索隱）

弱水有二原俱出女國北阿傉達山南流會於國北又南歷國北東去一里深丈餘闊六十步非乘舟不可濟流入海阿傉達山一名崑崙山其山爲主在雍州西南一萬五千三百七十里（史記司馬相如列傳正義）

佛上忉利天爲母說法九十日波斯匿王思欲見佛卽刻牛頭旃檀象置精舍內佛坐此像是衆像之始後人所法也佛上天

靑梯今變爲石沒入地唯餘十二蹬蹬間二尺餘彼耆老言梯入地盡佛法滅史記大宛列傳正義

王舍國□語云罪悅祇國其國靈鷲山□語云耆闍崛山山是靑石石頭是鷲鳥名耆闍鷲也崛山石也山周四十里外周圍水佛於此坐禪及諸阿難等俱在此坐史記大宛列傳正義

小孤石石上有石室耆佛坐其中天帝釋以四十二事問佛佛一一以指畫石其跡尚存又於山上起塔佛昔將阿難在此上山四望見福田疆畔因制七條衣割截之法於此今袈裟衣是也史記大宛列傳正義

括地志卷第八終